得する、徳。

栗下直也

CCCメディアハウス

得する、徳。

はじめに

ロシアンパブと論語と私

大のオトナがオトナを堂々と殴る光景というのは、ひと昔前のテレビの番組「警察24時」かVシネマでしか見たことがなかった。しかし現実の社会でも起きるものなのだ。「社長」と呼ばれる人がその社員を「おまえは何回言えばわかるんだ」と小突き回すところを見たことがある。

その社員が私に対して無礼な振る舞いをしたというのだが、当方にはそのような覚えはない。刑法には詳しくないが、これは傷害罪にならないにしても暴行罪くらいにはなるのではないかという勢いだった。

初対面の私としては「あの、大丈夫ですか」と声をかけるくらいしかできない。しかしその社長は「あなたは黙っていてください！」ともはや誰に失礼なのかわからない。

顔を真っ赤にした「社長」の背後には、

「子曰、攻乎異端、斯害也已矣」

と書いた紙が貼ってある。学がない私にはさっぱり意味がわからなかったが、「鉄拳制裁」の印象が強烈だったので、自宅に戻ってから調べてみた。

「子（し）曰（いわ）く、異端を攻（おさ）むるは、斯（こ）れ害のみ――孔子は言った。自分と異なる考えを持つ人を攻撃しても、害があるばかりだ」

まったく実践していないじゃないか。子に反して「攻撃」しまくりじゃないか。「社長」はどれだけ害を被る覚悟をしているのだろうか。

＊＊＊

本書のテーマは「徳」である。胡散くさいと思いながら手に取り、読みはじめた人は多いだろう。いや、私でも思う。

むっちゃ胡散くさい。

胡散くさいついでに最初に断っておくと、私は成人ではあるが、聖人ではない。小学校の道徳の授業を鼻クソをほじりながら聞いていたような人間だ。聖徳太子を小4までドヤ顔で「せいとくたいし」と読んでいたような人間だ。コンビニの募金箱に小銭も入れなければ、献血もしない。とにもかくにも、私はどちらかと言うと、いや、言うまでもなく「確実に徳が低そう」な人間である。

そうした人間が徳を説いたところで説得力がないではないかと突っ込まれるのは必至だが、幸か不幸か経済記者という**職業柄、成功者と呼ばれる人だけはたくさん見てきた。**いかにも「徳が高そうな」人々だ。実際、高いかどうかは別にして。

大企業の経営者や学者、等々。年収ウン百万円の私が、ウン千万円、いやウン億円もらっている人に何を聞くんだよと思いながらも、話を聞いた。

仕事だから聞いていただけとはいえ、彼らの話は**記事にするには抜群に面白かった。だが、大半は20歳を過ぎた人間の人生を劇的に変える参考にはならない。**

よく有名企業のサラリーマン経営者が自伝や経営哲学本を出している。残念ながら、彼らは成功すべくして成功するような人たちがほとんどだから、やみくもに読んだところで、学べることは多くない。『住友銀行秘史』（國重惇史、講談社）を読んで人間の醜悪さを知ることができても、元頭取が書いた『ザ・ラストバンカー』（西川善文、講談社）を読んでも、あなたは出世できない。

銀行なんて、入行した時点で頭取になれるかどうかが決まっていた世界だ。

（かつては）東大や京大を出ている人がほとんどで、その中でもどこまでの役職に行けるかが入った時点である程度決まっていた。徳が高かろうが低かろうが関係ない。嘘かと思うだろうが、最近の天気予報の精度で予想どおりになる。そんな世界であるにもかかわらず、時には敵対する派閥の怪文書を流したりして、足を引っ張ったりし合うのだ。どんだけ偉くなりたいんだと感心する。

日本経済新聞の人気連載「**私の履歴書**」も**大半のサラリーマンは読んでも立身出世にはつながらない。**ああ、言い切っちゃった。が、事実だから仕方がない。

大半のサラリーマンは社長どころか役員にもなれないし、読み物としても「社長に呼び出されて、次の社長を任せると言われた瞬間、頭が真っ白になった」が最大の山場の自伝ってそれ、どうなんだ。

あのコーナーは、芸者を料亭の2階から外へほうり投げてしまった本田宗一郎や、カンニング、家出、さらには闇アルバイトまで公言しちゃうニトリの社長の話を「ちょっとこの人、ヤバい」と少し引きながら読むくらいがちょうど良いのだ。


一方で学生の時の調査や記者としての取材経験上、むしろ、**なんでこんな人が成功するのかなと考えさせられたのが、中小企業のおじさんたち**だ。

これは褒め言葉なのだが（たぶんそうは聞こえないだろうけれど）、野に放たれた動物のように野蛮な人もいるし、マナーなどどこでも習ったことない私なんかよりマナーが悪い人もいた。言行不一致が甚《はなは》だしく、何かのギャグかよと思える人も多かった。

「社員を叱っても意味がない。対話が重要だ」と胸を張りながら、数分、お茶が来なかっただけで社員を怒鳴り散らしたり、「時間厳守だから」とアポイントメントを取ったときにきつく言われたのに、本人は2時間待っても現れなかったり。人間くささにあふれていた。灰皿からあふれたタバコの灰を渡したばかりの名刺で集められたこともあるし、初対面で「おまえ」呼ばわりされたことも数知れない。もしかしたら、「青二才のくそガキには適当な対応でいい」と思っていたのかもしれないが、もし、そうならば、それこそマナーも品性もないではないか。

でも、彼らは地域では成功者だし、遠くから見ている分には人間として魅力的だ。そして彼らの会社には、道徳じみた言葉がいろいろな所にベタベタと貼ってあることが多かった。

子曰く、子曰く、トイレにも子曰く。

いまでも忘れられないそんなおじさんの一人に、俳優の渡辺哲（映画『シン・ゴジラ』の内閣危機管理監役）に似たおじさんがいた。ちょくちょく飲みに連れて行ってもらったのだが、ある時、

「やっぱり世の中の役に立たないとね。人のために何かしないと。徳だよ、徳」

と、千葉駅近くのロシアンパブで囁かれた。どうやら、あらゆる場所で徳を説きたくなるらしい。

「こんな状況でも徳?」とも、初めてのロシアンパブで「これが徳のパワーか、すげー」と思ったわけでもない。ただただ、ロシアンパブ嬢の胸元を見つめていた。

数年後、ググってみたら会社のホームページは何年も更新されないままになっていた。倒産したのかと思ったが、うまく事業譲渡したらしい。

「さすが、徳!」とは瞬時には思わず、ロシアンパブにもう連れて行ってもらえないなと気落ちしただけだったが。

＊＊＊

あれから時間は流れた。

最近、いたるところで「カネより信用を積め」「信用があれば生きていける」という議論を耳にするようになった。そこで、ふと思い出したのだ。**これってつまり、渡辺哲似のおじさんが囁いていた「徳」のことだよなと。**おじさんたちは、本能的にわかっていたのだ。いいことをするといつか商売につながると。部下を部下とは思わないような振る舞いをしても、Vシネマさながらに暴行しても、子曰く、子曰く、トイレでも子曰く、だったのにはちゃんと理由があったのだ。単なる孔子マニアではなかったのだ。

本書でも紹介していくが、社会心理学などの多くの実験は自分の目的のみをひたすら追求している人より、人に「与える」、人助けする人のほうが成功していることを明らかにしている。

とはいえ、ひたすら人に寛容で親切であることが成功への近道というわけではない。

重要なのは、「お人好し」にならずに成功者になるには「徳」を積むルールを知るということだ。

またまた胡散くさく聞こえたかもしれないが、私が思いつきで記すのではないから安心して欲しい。第1章や第2章では、多くの文献や成功者と呼ばれる偉人の足跡を辿ることで、徳のルールを見ていきたい。「そうは言っても、俺、会社員だし、徳積むより、**会社のために**訪問販売でお年寄り相手にバカ高い健康食品を売らなきゃいけないし」という人もいるだろう。健康食品は売らなくても、徳にはつながらなさそうな「**会社のために**こんなことしたくない」とぼやきたくなる仕事をしている人も少なくないだろう。だが、いちど、立ち止まって考えて欲しい。

「会社のため」ってなんなのか。

第3章では会社は誰のモノなのか？　そして、我々は誰のために、なんのために働くのか、どういう意識でこれからの時代は働くべきかについて、考えた。すると、企業活動にも「徳」は無縁ではないことが見えてきた（ここは若干、専門的な内容だから最後に読んでいただいてもかまわない）。

「徳を積むのにルールとか、なーんか打算的でイヤだわ」、「そんなの自然とやることではないの？」という反論や疑問を持つ人もいるだろう。第4章ではそうした疑問についても考えた。

「カネにならないことはやりたくない」という令和を生きる現代人の7割くらいが考えそうな、もっともなことについては、本書を通して答えたつもりである。

それにしても、だ。

日本の先行きは不透明だ。

「なんだ、いきなり」と思われるかもしれないが、私自身もこの原稿を書くより、今後の人生設計を真剣に考えたほうがいいのかなと思うくらい、日本の財政はヤバいっぽい。

老後の年金が足りないだの、消費税は25%くらいまでは上がるだの、でも給料は上がらないだの、狂乱のさなかで「徳」もクソもないよと思う人も多いだろう。

「俺だけどうにかなればいい」と考える人が増えても不思議ではない昨今だ。

実際、第4章で詳しく述べるが、イギリスのチャリティー機関の調査によると、**日本は「見ず知らずの人を助ける」割合が諸外国に比べて低い**そうだ。保育園に入れても入れなくても「マジで終わってるよ日本」状態なのだ。

いまさらここで「徳」の話をしても、「昔は良かった」という懐古主義に聞こえるかもしれない。そもそも、日本人は昔から徳が低かった可能性もある。でも、そうなんだろうか。現代は昔と違ってSNSの爆発的な普及で、「自分だけ得して生きたい」と考える人が浮き彫りになりやすくなっているのは間違いない。「利己と利他」をどう考えるかをあらゆる場所で試される時代だと言える。

まさにいま、「徳」が問われている。
そして、歴史を振り返ればわかる。
「徳」はいつか、忘れた頃に「得」になる。

そうやって人類は生きてきた。目先の利益だけに飛びつくヤツはいずれ淘汰される。長期的に考えれば、目先の損得の収支で判断することが賢明とは決して言えないのだ。

本書をきっかけに、我々はこれから、どう徳と付き合っていけば良いのかを考えていただきたい。「徳をうまく積むこと」は、あなたの幸せにつながる。「スピリチュアルかよ」とか思わないで欲しい。

別にこの本を読んでいても「壺を買ったら、徳が積めた」とか「浄水器買ったら肩こりが治った」とか言い出さない。悲しいかな、もう5年くらい私の肩はこったままだ。肩の重さと対照的に私の文体は軽いかもしれないが、中身については徳と真正面から向き合った。徳を積んだところで、ロシアンパブに行けるかどうかは結局のところ、わからないけれども。

もくじ

第1章 信用社会の到来

テイクを考えるな。ギブ、ギブ、ギブ、ギブ！

第2章　偉人の「徳」に学ぶ

徳、徳、徳！
会社と社会に寄与せよ。

第3章　会社は誰のモノなのか

カネを出したら、俺のモノ、でもない…。

会社の悪さは誰が謝まるべきか
「俺の会社だから好きにしていいだろ！」
株主の関心は配当ばかりの現状で
「会社は個人のモノ」だった時代

第4章　なんのために働くのか

自分はどうしたいのか。我々はどう生きるのか。

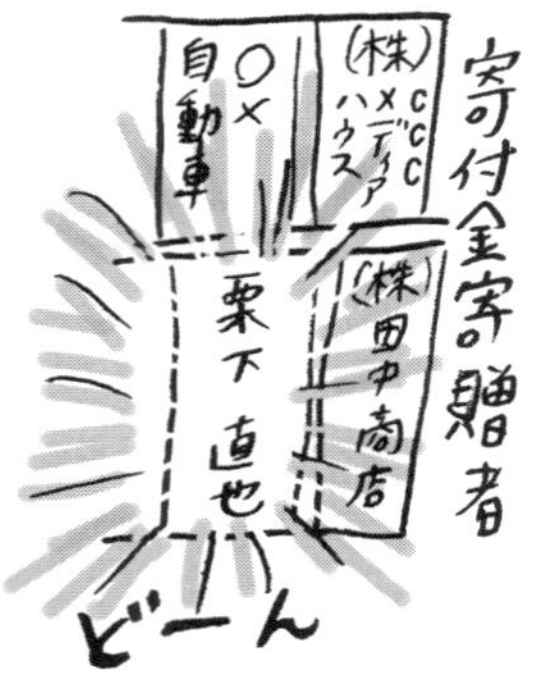

第1章　信用社会の到来

テイクを考えるな。ギブ、ギブ、ギブ！

「お金ではなく、信用を積め」という時代になってきている。「信用」さえあれば、お金がなくても生きていけるということだ。でも、「信用」って果たして何なのか？　単に「いい人」になれば大丈夫なわけ？

3タイプの人間

与える人、欲をかく人、天秤にかける人

あなたは「いい人」になりたいだろうか。

なんだか、むちゃくちゃ怪しいはじまりだ。本書を閉じたくなったあなた、ちょっと待ってくれ。数年前、新宿の路上で、妙齢の女性にそのように話しかけられたことをふと思い出し、書き出しただけだ。宗教の勧誘かと思い、目も合わせず「別になりたくないです」と足早に逃走したが、いま思えば我ながらかなり挙動不審だった。あちらも白昼堂々かなり挙動不審ではあったが、いずれにせよ、「ワルい人」よりは「いい人」になりたいと思うのが私に限らず多くの人の本音だろう。

とはいえ、この問題は突き詰めると、面倒くさい。

そもそも**「いい人」とはどんな人なのか。「いい」って何かわからないし、「いい」って誰が決めるんだよ、**という哲学的な問いになる。

それだけでこの本が終わりかねないのであまり突っ込まないが、「いい人」とは、ざっくり言えば、

物理的にも精神的にも利益をもたらす人

と、考えられるのではないか。

あなたが困っているときに手を差し伸べてくれたり、あなたの成長を考え、時には厳しく叱ったりしてくれる人も当てはまるだろう。つまり、

その場での自分の損得を考えずに「与える人」

と、いうことになる。そして、いま、そうした「与える人」こそがこれからの社会をサバイブするのにふさわしいモデルだとの指摘が目立ちはじめている。

「徳を積め、徳を積め、徳を積め」

「テイク（take）を考えるな。ギブ（give）、ギブ、ギブ」

実際、近年こうした言説が自己啓発書を中心としたビジネス本では連発されている。だが、それは決して新しい主張ではない。日本では「**情けは人の為ならず**」という人生訓があるではないか。「他人への同情はその人のためにはならない」という意味として解釈している人も多いそうだが、間違っている。こんな誤用をしていては、会社のデスク上に嫌がらせで広辞苑を置かれかねない。

真意は、

「他人に優しくし、恩義をかければ、他人に対してだけでなく、巡りめぐって自分のところにも戻ってくる」

ということである。誰しも、いつなんどき、自分が情けを受けたいと思うときが来るかもしれない。そんなときのために、日ごろから他者に情けをかける気持ちが大切だと諭す教えだ。

この人生訓は14世紀後半までに書かれた『太平記』にも記述が登場するほど日本人とはなじみが深い。「**人助けは報われる**」**という概念は昔から存在した**のだ。それが、いま、再び注目されている背景にはいくつかの原因が挙げられる。

1つはグローバル化が進もうが、結局、成功するには利他的な精神って大事だよねと再認識されたことである。

これを明らかにしたのが、米国の名門ペンシルベニア大学ウォートン・スクールの教授であるアダム・グラント氏だ。1981年生まれで、同大史上最年少の終身教授となったという、とてつもない秀才だ。日本で1981年生まれというと、星野源氏（歌手）、柴咲コウ氏（女優）、安達祐実氏（女優）、そして「セクシー」こと小泉進次郎氏（政治家）である。挙げてみたものの、意外に突っ込みようがない顔ぶれだったりする。

グラント氏は2013年に刊行した『GIVE&TAKE「与える人」こそ成功する時代』（楠木建監訳、三笠書房）の中で、米国人の常識を大きく覆した。ええ、これ、当時、米国では「生き方が変わった」と絶賛の嵐で、天動説が地動説に覆されたくらいの衝撃とも言われたとか。ちょっと盛りすぎたが、米国人がびびったのはマジです。

グローバリズムの権化のような米国。そのビジネスの社会では、効率性が重視され、手段を選ばずライバルを蹴落とすような人間がひしめき合っている印象があるだろう。

だが、同書は、**成功のピラミッドのいちばん上を占めるのは、自分の利益を必ずしも優先せずに、惜しみなく人に与える人間であること**を示した。

グラント氏は人間を「ギバー（人に惜しみなく与える人）」、「テイカー（真っ先に自分の利益を優先させる人）」、「マッチャー（状況によってギバーにもテイカーにもなる人）」の3タイプに分類した。

根拠となる実験や調査などをふんだんに盛り込みながら、**他者を慮《おもんぱか》る「ギバー」こそが現代の勝利者になれる**と畳みかける。

例えば、営業で売り上げの多いセールスマンは他者に援助することに強い関心を示すという。もっとも多くの売り上げを誇る人々は、他者の役に立つことに関心を示さない人に比べて5割も売り上げが多いことがわかったという。これに全米が「マジかよ！」とひっくり返ったらしいが、日本人からしてみれば「やっぱりそうなのね」という感じでもあった。

同書が刊行された2010年代前半の日本はいわゆる「失われた30年」のど真ん中だ。日本の既存システムがうまく回らなくなっていたところにリーマンショックが起き、日本経済は瀕死状態に陥っていた。企業はドラスティックな事業構造改革に乗り出し、人員を整理し、我先に自分たちだけでも助かろうともがき苦しんでいた。

2011年には東日本大震災にも見舞われた。そんな、にっちもさっちもいかない「日本大ピンチ!」状態にもかかわらず、全国で自分のことをそっちのけでボランティアに参加する動きや、被災地への寄付活動が盛んになった。海外メディアも、日本人の利他心や、人と人のつながりを大事にするメンタリティーを絶賛した。そんな時代を背景にグラント氏の著作を読み、徳が低い私ですら「ああ、やっぱり、『与える』ことが大事なんだな」と自分の利己的な半生を省みたほどだった。そう、**「与える者」は救われる**のだ。

ギブ! ギブ! ギブ!

ホリエモンの一貫性

「ふしぎな信用でかなえてくれる♪」

ところが数年を経て、2019年のいま、日本を取り巻くムードはどうだろうか。企業業績こそ改善しているものの、停滞感が拭い去れていない。

「老後の年金が足りない！」
「オリンピックなんてやっている場合じゃない！」
「消費税を上げるな！」

それぞれが自分勝手に自己の利益を主張する土壌が以前よりも整ってしまった印象も受ける。東日本大震災後、自らの利益を顧みないさまざまな助け合いが自然発生的に起き、「日本人は徳が高いよなー」と全世界を感心させた欠片《かけら》も感じられなくなりつつある。やっぱ、あれは緊急事態だったからか。いまや、世界でも例をみない少子高齢化も先行き不透明感に拍車をかけ、ギスギスした雰囲気が醸成されまくっている。インターネットの発達で、これまで見えなかった世界が見えちゃったことで、妬みも噴き上がっている。

こうした状況だけに、「信用を積め」、「ギブ、ギブ、さらにギブ」のような指摘がなされ、説得力を持ちはじめているのかもしれない。

例えば**ホリエモンこと堀江貴文氏は信用こそビジネスや仕事を進めていく上で重要だとあらゆる書籍で強調している**。「えっ、ここでホリエモン?」と思うかもしれないがホリエモンである。彼は、カネよりも信用が大事であり、信用のためにカネを使うべきであり、信用があれば生きていけると語る。

では、**どうすれば信用を築けるのだろうか**。

堀江氏は**1つは人間関係の**「**断捨離**」だと言う。たいていの人は、会社や学校、地域などの古い人間関係を、腐れ縁で維持している。しかし、いらないと感じたもの、不愉快なものはためらわず捨てろと。その結果、好き嫌いをはっきりさせる人は、みんな信用されるようになると経験談を語っている。みんなに気に入られようとすると、結果的に誰からも好かれないし、信用もされないというわけだ。

そしてもう1つが「与える気持ち」だと言う。**信用を得るためには、相手と「ギブ&テイク」という関係性を築くのではなく、「ギブ&ギブ」、おまけに「ギブ！」くらいの気構えが必要だ**と言うのだ。相手に見返りなど期待せず、相手の想像をはるかに超える何かを与えることこそが、信用を得る近道になる。

堀江氏の周りにいる、会いたい、助けたいと思える人は、会うたびに氏に何かポジティブなものを与えてくれるそうだ。そして、堀江氏は「僕は昔から、与えられた以上の価値を必ず相手に与えるようにしている」と言っている。

かつてのライブドア事件の際にメディアにつくられた姿が強烈な印象を残したため、これには違和感を抱く人もいるかもしれない。ホリエモンって、「カネがあれば買えないものはない」とか言っていた人ではないのと思われるかもしれない。

しかし、それは違う。

「カネで買えないものは、差別につながる。血筋、家柄、毛並み。世界で唯一、カネだけが無色透明で、フェアな基準ではないか」（『日経ベンチャー』2005年2月号「FACE

──ザ・経営者」）というのが、氏の言わんとしたところだ。

ギブ、ギブ、おまけにギブ！

でも、それってホリエモンだからできるんでしょ？　**自分には人が喜ぶようなモノはないし**、と悲観的になる人も多いだろう。いや、大半の人はそういう気持ちを抱くはずだ。しかし、ホリエモンは言う。**ハードルを高く設定することはない、姿勢が重要**だと。

与えたくても、与えるものがないという人もいるが、それは違う。相手が喜ぶこと、満たされるものを提供することは、誰だってできる。興味を持ちそうな話を調べてきて話したり、雑用を手伝ったり、一発ギャグでも考えて披露したり。「あなたといると何か楽しい」という気持ちを、相手に感じさせるだけで、充分なギブだ。

ギブの工夫ができない人は、いつまで経っても信用を得られない。与えれば与えるほど、いずれは何かが返ってくる。それが大きな成果にもつながるはずだ。

（『バカは最強の法則　まんがでわかる「ウシジマくん×ホリエモン」負けない働き方』
堀江貴文、真鍋昌平、松本勇祐、小学館）

これには頷かされるのではないだろうか。
冒頭に記したように、私個人はボランティアに積極的なわけでも、寄付に熱心なわけでもない。ふるさと納税だって、その地域に関するものとしてどうなのよと物議を呼んだ金券ばかりもらう後ろめたさから、気まぐれで寄付を選ぶ程度の人間だ。多くの人と同様、「与えたくても、与えるものがない」と思い込んでいる。基本、何もしたくないし、酒飲んでひっくり返って、本を読みながら家で寝ていたい。
しかし、こういうマインドを持ってみてはどうだろう。

与えられるモノがないなら、頼まれたときくらいは快く引き受けてみようかな。積極的にはやらなくても、基本、断らない
――以上。

そんなことかよと思われるが、そんなことだ。ある徳の高い知人は「来た球はすべて振ればいい」と言っていた。

自分のことを振り返ってもそうだが、人はけっこう快不快で「忙しい」などの理由をつけて自然と頼まれごとを拒否していたりする。

物理的に無理なモノは仕方がない。しかし、頼まれれば、1回は「やってみる」。面倒な会合にも顔を出す。

一回やってみて、もう無理ならばやめればいいし、やっぱり嫌ならば、もう行かなければいい。やったらやったで、意外に楽しいし、思ったよりできる。失敗したところで、あなたが思っているほど、誰もあなたのことを気にしていない。やってみることの大切さは取材で知り合った経営者が口をそろえて言っていたことでもある。


やらないことで逃しているチャンスは大きいのだ。

特にビジネスでは当てはまるのではないか。**なんでも断る相手より、気持ちよく頼れる相手と仕事をしたい**と誰しも思うだろう。

堀江氏はカネを稼ぎたいという人に「稼いで何したいの」と問いかけ、これからは信用がお金の代わりになる世界が訪れると説く。

「本当かよ」と思われるかもしれない。しかし、**個人がお金の代わりになるような信用を創る「信用主義経済」へ向けた動きはすでに起きている。**

家具や自動車といった数十万もするような物を手に入れようとした場合、ネットオークションや、メルカリのようなフリマアプリを使えば、数万円で手に入れることもできる。極端な話、**いざというときにカネに頼らずに生きていくことができる人間どうしのネットワークが築けていれば、タダ同然で生きていける。**そんな世界に、あなたも私も生きているのだ。

皆が上場する時代？
自分の株価を知っているか

山口揚平氏の『1日3時間だけ働いておだやかに暮らすための思考法』（プレジデント社）での信用に関する主張も面白いので引いておきたい。

同書は、これからの社会のあるべき姿、すなわち、貨幣を中心としたいまの資本主義社会が、「信用」に基づく「信用主義経済」に移行していく必然性について明らかにしている。**信用主義経済の社会とは突き詰めていくと、人と人との関係性が主役となる時代であり、人間関係に介在する中間物としてのお金は必要なくなっていく。**人と人の「つながり」が重要になればなるほど、お金は経済活動のツールではなくなる。

思想家であり投資家でもある氏は信用主義経済の社会は「皆が上場している時代」だと言う。

個人の信用が可視化される社会では、参加する人すべてに「株価（＝信用）」がつく。「評価（＝価値）」を創造する力こそ大事になる。**信用はお金を稼ぐより難しい資産**であり、**信用残高を意識する**ことが求められるようになると言う。**信用はストック**なのでコツコツと積み上げる必要もある。

かなり概念的でわかりにくいかもしれないが、山口氏自身の生き様をみれば、信用をいかに積めばよいかがわかる。

山口氏は２０１０年に自分の会社を手放したとき、現金は残ったものの大きな喪失感に襲われた。その経験がいまの生きかたの基盤にはあるという。その時から、徹底的に利己心を抑え、事業の相談に乗って欲しいと言われれば手弁当で向かい、若い事業家に出資して欲しいと頼まれれば破格の条件でお金を出したという。

無償で奉仕することで現金をいったん「価値」に交換して、その「価値」を積み重ねて「信用残高」を増やしたと振り返っている。結果的に、求めないことで信用され、家を安く借りられたり、旅先で有用なネットワークを紹介してもらったり、日用品を譲ってもらったりできたそうだ。

信用主義経済に移行すれば、お金は要らず、信用があれば食べていける。**過渡期であるいまは確かにカネが経済を循環させる力を持っている。**だが、**これからの社会を生き抜くにはカネに従属しないような耐性をつけることが重要になる。**

他者への貢献の蓄積が信用になり、信用さえあればお金を引き出せる。信用をお金に換えることができる世の中なのだ。**貯めて使うべきなのは、お金ではなく信用なのだ。そして、信用は「与える」ことから生まれる。**これは、日本人が慣れ親しんできた「徳」そのものである。しつこいようだが、

ギブ！　ギブ！　ギブ!!

なので、ある。

いい人は成功からもっとも遠いのか

きれいごとなのか否か

どうだろう。理屈はわかるといったところだろうか。

しかし、これはけっして日本だけの現象ではないのである。米国の研究者が大学における卒業式の式辞を調べたところ、「他者を助けましょう」というメッセージを主なテーマとするものが全体の3分の2近くを占めていたという。それだけ、「与える」ことの重要性が高まっている証左だろう。

正直なところ、「自分の生活もままならないのにギブだとか信用を積み上げるために奉仕しろだとか、きれいごと言ってるんじゃねーよ」と怒り心頭の方もいるかもしれない。実際、その怒りは一面では真理だ。

冒頭で触れたグラント氏も、仕事でいちばん高いパフォーマンスを出していたのがギバーであるのに対し、いちばんパフォーマンスが低かったのもまたギバーであるというなんだか悲しい事実をデータ分析で突きつけている。

スタンフォード大学経営大学院のフランク・フリン教授も同様の傾向を指摘している。ある企業のエンジニア同士の関係性を検証したところ、**もっとも生産性の低いエンジニアは自己犠牲の精神が強かった。**他者を援助しすぎる傾向にあったのだ。つまり、自己犠牲を厭《いと》わない「いい人」は成功からもっとも遠くに位置するという可能性は拭い去れないのだ。**会社でも「人望が厚い人」となり出世するか、「お人好し」として利用されるかは紙一重**である。

「いい人」は損得を度外視して有望な人やアイデアを支援する。知識も惜しげもなく披露する。やっかいな仕事も進んで引き受ける。

そうした姿勢が大きな成果を生み出すこともあるが、自己防衛をしなければ他者への尽力が祟って過大な負担と疲れを抱え、仕事の目標達成が遠のくこともある。つまり、

利他と滅私を混同してはいけない。

いかなる時でも要望に応えるのは親切ではない。他者を助けるための犠牲が過大にならないよう、注意を払わなければならない。負担を抱え込みすぎて立ち往生したら、にっちもさっちもいかなくなり、他人を助けるどころではないのだ。つまり、**与える意識**を持つことは重要だが、ギバーでありながら「お人好し」にならないためには作法があるのだ。

利他的に振る舞うことは決して胡散くさい話ではないし、避けるべき行為でもない。**心の広い利他的な人は、利己的な人**（テイカー）**や、損得で態度も変える人**（マッチャー）**と比べて、組織に大きな価値をもたらす**ことは自明である。そもそも利他的に振る舞うことは、人間が長い歴史で培ってきた生存するための本能と言っても過言ではないのだ。

なぜタダ乗りするヤツは嫌われるのか

欲をかく人の生存戦略

マイクロソフトの創業者であるビル・ゲイツ氏は２００８年の世界経済フォーラム年次会議（ダボス会議）で次のように述べた。

「**人間の本質には2つの偉大なエネルギーが存在します——自己利益の追求と、他者への思いやりです**」

利己性と利他性の間で揺れることは企業や国際政治のプレイヤーの動向を見ても明らかだ。

あなたの周りでも、集団にぶら下がり、楽して、もらうものだけはちゃっかり手にする人はいるはずである。小中学校時代でさえもクラスに一人はいただろう。周囲を見渡せば、こうした「**フリーライダー**」**は組織に必ず存在する**が、多くの人は彼らに嫌悪感を抱く。

「なんで、あいつだけ楽をしているんだ」

「いつも口だけで非協力的だ」

そして、我々は時にはそうしたフリーライダーを排除したり、更生させたりして、協力的な集団を築こうとする。これは個人の利益の最大化という視点から見れば、なるべくタダ乗りして利己主義を貫くことが合理的であるはずなのに不思議である。先ほどのグラント氏の類型で言えば、テイカーがもっとも理にかなっているはずなのだ。

テイカーの頭のなかは「テイク&テイクン」で自分本位が基本だ。それが個体保存の本能でもある。「欲しい、欲しい、何でも欲しい、楽して欲しい」と、誰だっていちどは思ったことがあるだろう。

では、なぜ人々がテイカーにならないのか？　「自己中」な選択をせずにむしろ、「自己中」を排除しようとするのか。

それは、人間が社会的な生物種であるからだ、というところに行きつくだろう。別に難しい話ではない。つまり、そうしないと生き残れなかったのである。

人間は「利他的」な行動によって資源を獲得して子孫を残す能力を高めていた。進化生物学者が何十年も前から主張しているように、**人が利他的な振る舞いをするのは、自分が必要な時に他者から資源を提供してもらえるから**に過ぎない。「誠実」も「徳」も、元々は関係ない。現代はともかく、人類史全体を俯瞰《ふかん》してみれば、食料が安定的に供給されなかった時代があまりにも長かったのだ。

自分が狩りに出かけて食いきれないほど獲物が捕れた場合、人に分け与えておく。そうすれば不猟に終わったときは、逆に人からもらえるようになる。そうしないと生活が回らなかった。**タダ乗りする者ばかりでは種の存続は厳しくなる**ため、フリーライダーは徹底的に阻害されたのだ。

これは非常に示唆的だ。確かに、21世紀に生きる我々も、過去に自分が、その人の目的を叶えるために手を貸したことがある相手ならば、その人は自分を助けてくれるかもと思うはずだ。

人は親切に報いようとするし、協力的な態度で接すれば、相手も同じ態度であなたに接すると期待する。あなただって「あいつには借りがある」とか、「あいつには貸しがある」とか考えたことがあるだろうし、「頼まれたり頼んだり」といったことは日常的に行われているだろう。

ここで、気をつけなければならないのは、あなたが何かしら与えた場合、決して、

「たいしたことじゃないよ、気にするなよ」などと言ってはいけない

ということだ。

誰もが無条件で貸しを返してくれるとは限らない。そのことを忘れてはいけない。

何かしら与えた時には

「当然だよ、（君も人間ならば）僕と互いに助け合うべきだろ」

と、でも言っておくべきなのだ。

恥ずかしくも、恩着せがましくも映るかもしれないが、そんなことは気にしては

いけない。肩を組み一体感を強調して、「俺らはパートナーだよな」と言い合ってもいいくらいだ。会社でそんなことしたら「あいつ、熱すぎる」と言われたり、「森田健作」とかあだ名がつきかねないと思うだろうか。若い人は、千葉県知事の森田健作がかつてラグビーボールを持って「青春っていいよね」って感じのドラマ（『あしたに駈けろ！』）に出ていたことを知らないかもしれないが。

なぜそのような恩着せがましいことが必要かというと、**自分の行為は単なる自己犠牲でなく、関係性から生まれるものだと明確にすべき**だと多くの実験が示しているからだ。

例えば、前述のスタンフォード大学のフランク・フリン教授は、「与える人」は同僚からいいヤツ、貴重なヤツと思われるが、同時に多くの時間とエネルギーを仲間に割きすぎるため生産性が下がることを指摘している。結果、フリン氏は、**与えながらも生産性を高めるための解は、人を一方的に助けた回数ではなく、お互いに助け合った回数を意識すべき**だという結果を導き出した。

「持ちつ持たれつ」を意識する土壌をつくることが、相手に「ぜひとも助けたい」という意識を芽生えさせ、単なる自己犠牲に終わらせない状況につながるのだ。政治的手腕はともかく、役者としての森田健作の熱さは、決して間違っていなかったのだ。

道徳はいつも不安定

「カネに転んだのか!」と罵倒するけれど…

『モラルの起源　道徳、良心、利他行動はどのように進化したのか』（クリストファー・ボーム、斉藤隆央訳、白揚社）によると、旧石器時代に肉を集団で分け合っていた時代にはすでに道徳感情が遺伝子に埋め込まれていた可能性が高いという。そして、人類の良心は長い期間を経て、緩やかに変化しており、いまだに途上であるとの仮説を掲げている。

「えっ、遺伝子の話になるかよ」、「ああ、俺は人間ができていないからな」などとガッカリされる人もいるかもしれないが、安心して欲しい。最近の研究の成果によると、人はギバーにもなれるし、立派そうな人であってもテイカーにもなる。つまり、「徳なんてクソ食らえ」とボヤいているあなたもギバーになることは可能なのだ。

実際、行動経済学などでは**人間の評判や道徳性は非常に安定しない**ことが示されている。同情や利他主義、寛大さや公平さなど、どれを取り上げても、人の道徳的な行為の振れ幅は想定以上に大きいことがくり返し明らかにされているという。

こう言われると、自分の友人や知人を思い浮かべ、**誠実な人は常に誠実だし、信用できない人はどうひいき目に見ても信用に値しない**のではと思われるかもしれない。

ノースイースタン大学のデイヴィッド・デステノ教授の著書、『信頼はなぜ裏切られるのか　無意識の科学が明かす真実』（寺町朋子訳、白揚社）によると、彼らの行動が一貫しているように見えるのは、彼らが日頃対処する通常の状況が、動機という点で大きく変化していないからだという。道徳的な行為に一貫性があるのは、せめぎ合う複数の心的な要因が、安定したバランスを保っているからだ。つまり、変わらない環境下では同じようなメカニズムで意思決定をするので、彼らの行動は一貫しており、評判も変わらないというわけだ。

だから、日常生活を送っているかぎり、結果的には道徳的な行為にブレがあまり生じていないように見える。

しかし、客観的な状況が変わったり、心の計算が変化してはじき出す報酬が変わったりすると、行動も変わる。すべてが白紙になる。否定している人も多いだろうし、自覚もないだろうが、**人は絶えずコストと利益を計算しているのだ**。「そんなバカな」と思うかもしれない。いわゆる「できた人」も大半は自覚していないだろうが、コストと利益を計算している。つまりマッチャーなのである。

企業を題材としたドラマや映画で、味方だと思われていた人が買収されて「カネに転んだのか！」と主人公が激怒する光景がよくある。会議室で震えながら、机をバンバン叩き「裏切りやがったな！」と叫ぶお決まりの場面だ。血も涙もなく映るかもしれないが、**残念ながら人はカネに転ぶ。それまでカネで転ばされる機会がなかっただけで、もともとカネで転ぶ人だった可能性が高いのだ**。

夢も希望もない話かもしれない。ギバーも無欲なわけではなく、心のどこかではいつかは利益が自分に返ってくることを望んでいるのかもしれない。とはいえ、絶望するほどのことはない。なぜならそもそも大半の人はこうしたことが実験などで明らかになっているにもかかわらず、**利他的に振る舞いきることはできない**ものだからだ。「できた人」に見えても状況によってテイカーになるマッチャーがほとんどだ。

そう、やっぱり、まず与える人であるギバーは凄いのだ。

『信頼はなぜ裏切られるのか』で、デステノ氏は興味深い実験を行っている。コインを投げて、もし表が出たら面白いゲームを短時間できる。しかし、もし裏が出たら、退屈で面倒な作業に45分縛られる。さらに、実験を面白くするために、隣の部屋にいる人は、コインを投げた人と逆の作業を引き受ける。

実験では、まず100人以上の人に、「コインを投げずに、いきなり面白いゲームをする権利を自分に割り当ててはどうだろうか」と尋ねた。すると1人残らず、「コインを投げないのも、結果をごまかすのも間違っている。自分はそのようなセコいことはしない」と答えた。

ところが、いざ、実験をはじめ、被験者を1人にして、自分と隣の部屋にいる人のどちらが面倒な作業に回されるのかを決めるコイン投げをしてもらうと、9割の人が不正をした。隠しカメラが捉えた映像によると、大半の人はコインを投げもせずに表が出たと報告し、一部の人は望む結果が出るまで何度もコインを投げたのだ。

きわめつけには、実験参加者たちに、他の人がコインを投げもせずに、自分に楽しい作業が回ってくるよう報告する様子を見てもらったところ、誰もがためらいもなく「ルールを破るのは道徳的に正しくない」と答えた。えええええ！

みんな、嘘つきまくりである。「嘘をついていいのは政治家だけ」って中学校の先生が言っていたけど、どうなんでしょう、これ。

結局のところ、**人の「徳の高さ」、「評判」というのは我々が思っているより、不安定なのだ**。人は信用できない存在であり、いくら認めたくなくとも、大半の人は目の前の報酬や利己的な利益を選ぶメカニズムがある。

人は他人に厳しいとも、自分自身の行為を正当化してしまうとも言うことができる。だから自分自身も常に利己的な存在になりうるという自覚を持つことを忘れてはいけないのだろう。逆に古くから言われていることだが、環境さえ変われば人の行動も変わる。**利他的な人が多い環境に身を投じれば、あなたの行動も変わる**。人の行動は良くも悪くも一貫していないだけなのだ。

テレビの月光仮面、現実の伊達直人

親切をする快感

我々が生きる世界にはモラルや道徳を推奨する言葉があふれている。しかしながら、ここまで見てきたように現実には道徳の塊のような人はほとんどおらず、目先の利益で右往左往する人が大半だ。

利他的な行為は**互恵的利他行動**という考え方に基づいている。

これはすでに見たように「情けは人の為ならず」や「持ちつ持たれつ」のような**「お互い様」の精神**だ。すぐにではないにしろ、いいことをしておくと、いつかは「お返し」してもらえるという発想である。

また、直接的に恩を与えた人間からは返ってこないかもしれないが、利他的な行動は個人の「評判」を高める効果がある。評判が高まれば、巡りめぐって、より高いリターンが期待できるようになる。そのためには、信用のポイントを積むことが重要になる。

最近の脳の研究によると、金銭や名誉といったものだけではなく、**他人の褒め言葉もまた脳は報酬として判断する**のだという。

「いいこと」とされる行為をすることで、評判が高まり、「あの人、本当にいい人ね」と言われると、それだけでまた、「いいこと」をしたくなるわけだ。そのうえ、経済的な恩恵も期待できる。もう、いいことづくし。いいことしないで何するのって感じではないか。

ここで読者のなかには「であれば、匿名で寄付するなどの利他的な行為はどう説明するんだ」と思われる人もいるだろう。

匿名での行為では、誰がいいことをしたのか第三者にはわからず、「〇〇さんはいい人」という特定個人の「評判」は生まれない。名指しで褒められもしないから快感も生まれにくいのではないか。それでも、匿名でいいことをする人はご存じのように意外に多い。

「どこの誰かは　知らないけれど　誰もがみんな　知っている」

これは、覆面にサングラスでバイクに乗った昭和のスター『月光仮面』の主題歌の一節だ。『月光仮面』はテレビ黎明期の1958年にはじまった国産初の連続テレビドラマで、視聴率が50%近くに達したこともある。正体も明かさず、人のために体を張って悪と戦う正義のヒーロー像の元祖とも言われる。

「誰にも知られずに悪と戦う」なんて、「徳が高すぎる」ご都合主義なキャラ設定だと書きたくなってしまうが、あながち間違ってはいない。原作者であり、主題歌の作詞者でもあり、後に竹下登首相のブレーンにもなった川内康範《かわうちこうはん》はこう語っている。

日本初のテレビヒーローを作るにあたり、米国にはない、仏教の精神を持たなければと思った。だから名前は月光菩薩からとった。その哲学は借無《しゃくむ》上道《じょうどう》、無償の愛。月光仮面は正義そのものではなく、正義の助っ人。みんなが助っ人精神を持てば社会は良くなる。

(『スポーツニッポン』2006年5月4日)

「仏教の精神と来たか!」って感じだ。そうは言っても、こんなのテレビドラマのなかの話だと思いきや、現実の世界にも「どこの誰かは知らない」ヒーローは現れた。「タイガーマスク現象」だ。

2010年のクリスマス、プロレス漫画『タイガーマスク』の主人公である伊達《だて》直人《なおと》を名乗る人物が群馬県中央児童相談所にランドセル10個を贈ったことを皮切りに、全国各地の児童養護施設に、複数名いると思われる伊達直人がランドセルを贈る動きが起きて、世間の注目を集めた。

一部では「迷惑なヤツだ」、「マネーロンダリングの一環だ」、「パチンコの新台のタイガーマスクの宣伝だ」など、いろいろな噂が立っては消えた。**こういう噂が立つ背景には「人は報酬もなく、他人のために、自分の利益にならないことをするのか」という疑問がある**のは明らかだ。

だが、伊達直人騒動ほど目を引かないにせよ、我々の周りにはそういう利他的な行動は少なくない。

冬の入試シーズンになると、大雪で試験時間に遅れそうになった受験生を通りすがりのトラック運転手がクルマに乗せて試験会場まで送り届け、名乗らずに去っていった、などという話がたびたびワイドショーをにぎわす。

もっと身近なことならば、落とし物だってそうだ。お金やクレジットカードが入った財布がそのままの状態で届けられたという話は日常的にある。一銭の儲けにもならないどころか、わざわざ労をさいてまで落とし物を届ける人があとを絶たないではないか。

このような人々は、たとえ名乗らなくても、「他者に対して親切に振る舞う」という行為自体を報酬と感じる仕組みがあるのだという。

利己的じゃダメなんですか

利他と利己の関係

『利他学』（小田亮、新潮選書）によると、巡りめぐって返ってくる利他行動が進化した結果、利他的な行為自体を報酬と感じるメカニズムが生まれた可能性が高いという。

つまり、「伊達直人」のような人々は普段から利他的な行動をすることによって、彼・彼女をよく知る人からサポートを受けており、利他的な行為がもたらす恩恵を知っている。誰に褒められることがなくても、**経験則から利他的行為が後のリターンにつながることがわかっている**ため、行為自体が快楽になっているというわけだ。科学的にはわからないことが多いが「**脳は利他的に振る舞うように進化した**のではないか」との指摘も専門家からある。

とはいえ、どんな人にとっても利他的行為が快感であるとはかぎらないこともまた興味深い。実際、寄付するときは「伊達直人」式ではなく、名前をどーんと出したがる人が多い。地域のお祭りに行っても、寄付一覧のなかに地元の企業に交ざって個人名がでーんと掲げられていたりする。あれは地域の「顔」だから、でーんなのか、寄付し続けた結果、でーんなのかわからないが、いずれにせよ名前は載っけたいわけだ。

ちなみに、「伊達直人」による寄付は２０１９年現在も各地で起きている。山形県南陽市役所には毎年ランドセルが届く。愛媛県松山市にある、四国唯一の朝鮮学校である四国朝鮮初中級学校には４年ほど前から秋になると毎年、米が送られてくるという。

伝票には発送元として「伊達直人」とだけ書かれていた。李一烈《リイルリョル》校長（62）によると、記載されていた連絡先に電話をかけると広島県の生産農家で、「頼まれて発送しただけ。（送り主の）名前は言わないでと言われている」と話したという。

（『毎日新聞』２０１９年9月26日）

「利己的遺伝子」の研究で知られる進化生物学者のリチャード・ドーキンス氏は「利

他的」と見える行動も実際は「利己的」だと指摘する。

これは重要な示唆で、心理学者のネッタ・ワインシュタインとリチャード・ライアンの研究も、**人に力を貸す行為が義務感や責務に基づくものでなく、自主的な選択や達成感に基づいていれば、人は疲弊せず、逆に活力をもたらされることが多い**と指摘する。

つまり、好きなことを進んでやるような状態であれば、自らをすり減らすことになりにくい。**嫌々、際限なく引き受ける状態だけは避けなければならないのだ。**「いい人」を目指してはいけない。百害あって一利なしなのだ。

くり返しになるが、道徳の権化のような人は皆無に等しい。

人格者と呼ばれる人も、滅私奉公で利他的な行動をしているわけではない。その行為自体が快感だったり、長期的なリターンとして自分に返ってくることを経験上知っているから率先して「与える」ことができるに過ぎない。前者はともかく、後者の場合は、こつこつと、日々、積み上げるしかない。だからと言って、多額の寄付をする必要もなければ、社会を驚かせるような偉業を成し遂げる必要もない。自分の利益をひたすら優先したり、状況によって態度を変えたりするのではなく、「まず与える」意識を持つことが大切なのだ。

＊＊＊

第1章では「与える」ことが現代社会において、いかに重要かを見てきた。しかしながら、「与える」という行為は組織全体にとってはプラスだが、個人レベルで見た場合、自分がしんどい思いをしながらも「与える」ことを続けていると、その人自身が疲弊し、生産性も下がってしまうということも、また事実だった。組織においてもっとも生産性が低いのもギバーなのだ。

それではそうならずに、「与え続ける人」になるにはどうすればよいか。大きく次の5点に注意すべきだろう。

①　何もかもは引き受けてはいけない
②　犠牲を払っていると思うなら断れ
③　無理に「いい人」を目指すな
④　行為ではなく関係性を強調しろ

⑤ 利己的すぎるヤツは必ず存在する、距離を置け。

第2章では成功した偉人が「どう生きたか」を見ていくが、彼らとて奇抜なことをしたわけではない。偉人と言われる成功者の生き様から見えてくるのは、目の前の仕事や日々の生活に目を向けて、周囲の人が喜びそうなことに無理せず取り組むという姿勢だ。我々、日本人が古くから慣れ親しんだ「徳」の考えだ。第1章で確認した「与える人」の原則がそこにはある。

第2章　偉人の「徳」に学ぶ

徳、徳、徳！
会社と社会に寄与せよ。

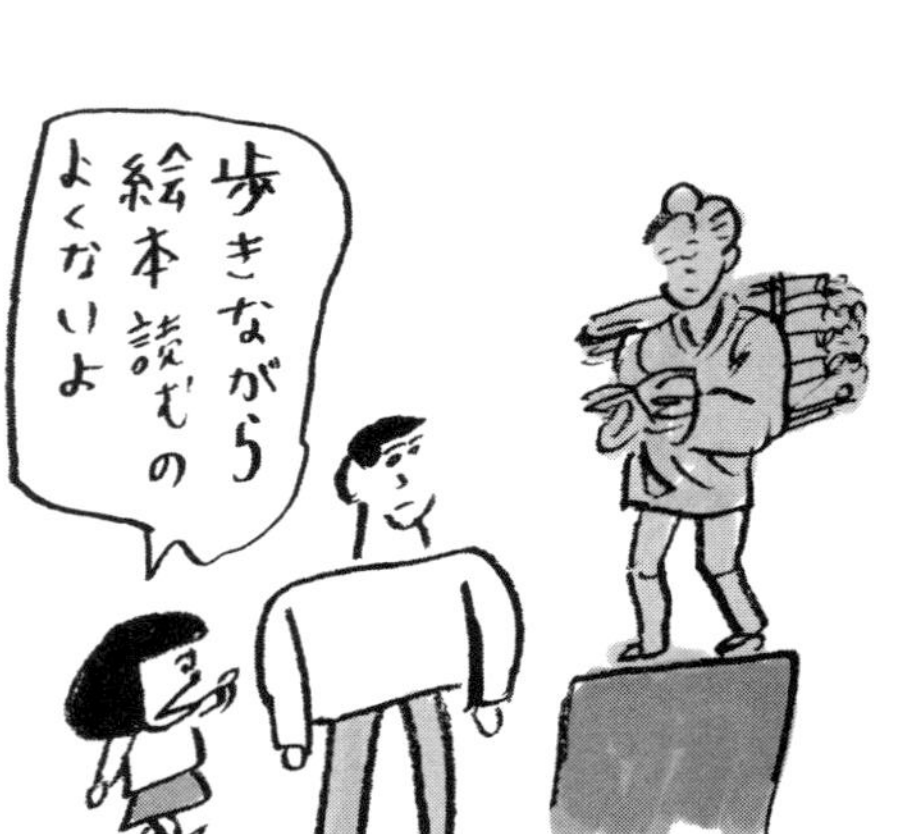

名経営者たちは時に、宗教じみたことを言う。肥大化する人間の欲にいかに歯止めをかけ、会社も社会も豊かにするか。二宮尊徳、淀屋常安、渋沢栄一、土光敏夫、新旧の偉人が徳を積み目指した世界とは。

何をした人？

名前に「徳」が付き、像まで建っているのに

第1章を読んで、「宗教かよ」と突っ込みたくなった人がいるかもしれない。いや、それはもっともだ。**東西を問わず宗教は経済倫理を説いてきた。**

儒教はもちろん、仏教も自利利他を説いたし、プロテスタンティズムは「禁欲」を唱えた。社会学の創始者とも称されるドイツのマックス・ヴェーバーは20世紀初頭に、禁欲的労働に明け暮れることが神による救済とし、結果として資本主義が大いに発達した。**肥大化する欲望にいかに歯止めをかけるかが歴史的に見て、宗教の役割だったとも言える。**オウム真理教のように「オウムに入れば功徳が積めて金回りが良くなる」と口説いて信者を増やした宗教もあるけれども。

日本も例外ではない。戦後、**日本の名経営者と言われる人々も、その発言は宗教**

色を帯びている。「経営の神様」と言われた松下幸之助は「素直な心」と説き、京セラ創業者でＪＡＬの再建にも尽力した稲盛和夫氏は「私心なかりしか」と問いかける。

こうした**経営者の思想の源流は江戸時代に遡る。**ここでは江戸以降の人物で、企業人に影響を与えた「徳」高き偉人を独断で４人選んだ。彼らの生き様に学ぶところは多いはずだ。

＊＊＊

二宮尊徳《にのみやそんとく》：１７８７～１８５６（天明７～安政３）

江戸後期の農政家。幼名金次郎。小田原在栢山《かやま》村生れ。少年時に父母を失い、伯父の家を手伝い、苦しい農耕をしながら《論語》《大学》《中庸》などを独自に学ぶ。青年期に家を再興。その後、小田原藩士服部家の再建や藩領下野桜町などの荒廃の復旧に成功した。この経験をもとに独特の農法、農村改良策（報徳仕法）により、小田原、烏山、下館、相馬藩などのおよそ６００村を復興。晩年は日光神領の立直しの命をうけ、得意の計量的、合理的な策を立てたが業半ばに死去した。

（『世界大百科事典』平凡社）

徳、徳、徳、二宮尊徳！

やはり**徳といえば二宮尊徳だろう**。なんせ、名前に「徳」がついている。加えて、ご存じのように、戦前の小学校には薪をかついで本を読む尊徳の銅像があちらこちらに建っていた。「徳」を名に持ち、銅像まで建っちゃうなんて、もはや二宮尊徳、敵なしだ。

とはいえ、正直なところ、名前は知っていても、尊徳が何をした人か、徳田虎雄（尊徳同様、名前に「徳」がつき、像も建っている徳集会グループのドン）よりよくわからないってのが、多くの人の本音ではないだろうか。私も、小学生の頃、下校時に話しもせずに教科書を読み耽りながら歩く級友に、「おまえは二宮尊徳かよ」と突っ込んだら、無言で見つめ返された記憶しかない。街頭インタビューをしたところで、どこまでいっても「薪を背負っている人」以上の答えが出てくる光景が想像できない。

布施、忍辱、精進の3ついて

大乗仏教の徳

哲学者の梅原猛は利他の行を重んじる**大乗仏教には3つの徳があるとしている。**

1つめが布施の徳。

人に物を与えるのも布施だし、悩める人の話を聞いてやってその人の不安を取り除くのも布施である。

子どもは親や社会から無償の布施を受けて成長し、大人になれば自分の子どもや社会にまた無償の布施をする身とならねばならない。社会への還元が動物との違いだと説く。

2つめが忍辱《にんにく》の徳。

忍辱はただの忍耐ではないという。辱めに耐えることであると梅原は説く。

人生には必ず失敗・挫折があり、辱めにあう。釈迦は一生乞食《こつじき》をしたが、それは一つには、忍辱の徳をやしなうためであったろう。乞食ほど人にさげすまれる人間はいない。法のためにその辱めに耐えるのが僧の務めであると釈迦は考えたのであろう。

（『朝日新聞』２００５年6月21日）

釈迦、半端ないではないか。やっぱ、尊敬してしまう。辱めを受けるためだけに乞食をするなんて。これ、まったくもってM気質がない人が「女王様とお呼び！」と言われて、鞭でビシバシ打たれるようなもんだ。

梅原はこう続ける。

日本の多くのすぐれた宗教者、法然、親鸞、道元などはいずれも少年時代に父あるいは母を亡くした人であるし、行基、泰澄、円空などは婚姻外の子であった。彼らは幼少にして辱めにあうこと多く、その辱めをバネとして彼らの求道精神が激しく燃えたのであろう。

（同紙）

3つめは精進の徳である。

精進というのは努力とは多少意味が違うという。欲望を抑え、心を整えて一心不乱に仕事に励むことである。本当はドMなのに仕事として女王様をやって、「この豚が！」と一心不乱にキモい親父に鞭をビシバシ叩き続けるようなことだ。しつこいか。

そして、この精進の象徴が、鞭ではなく、薪を背負って本を読む二宮尊徳の銅像というわけだ。

二宮尊徳に学ぶ①

大声で『大学』を朗読するヤバい人？

二宮尊徳は薪を背負って本を読む像が建つくらいだから、かなり苦労した人生を歩んだことは容易に想像できるだろう。実際、壮絶だ。

江戸後期の1787年（天明7）相模国に生まれ、14歳で父を、16歳で母を失う。おまけに、自分の家の田畑は洪水によって流失して、伯父の家に身を寄せることになる。ここで**苦学して一家を再興**する。まさに、薪を背負って本を読む日々だったのだろう。

像の尊徳が読んでいる本は『大学』である。

幼少時から勉強が好きだった尊徳は薪を取りに山に行くときや、帰るときに、**大声で『大学』を音読**していた。近所の村人の中には「あいつ、やべー、気が触れている」など陰口をたたく者もいたというが、それもそのはずだ。当時、本を読んでいる農民などツチノコくらいの希少種だったのだ。「ツチノコは存在が確認されていないだろ」と突っ込まれそうだが、「本を読んでいる農民」もいるかどうかが怪しまれる時代だった。

だが、この**学問への飢えが尊徳を大いに飛躍させた。**

1818年（文政1）、尊徳は**小田原藩士服部家の財政改革**を託され、その手腕を認められる。その後、評判を呼び、**疲弊した約600村を独自の農村改良策で再建。**のちに幕臣となり、日光領の復興にあたっている最中に、70歳で病死する。

尊徳は**思想家であり、実践家**であった。机上の学問で終わらせずに、実践を重視した。村の再建を依頼されると、現地調査を徹底した。領内の一戸一戸を訪ね、時には調査のためだけに数十日滞在したこともあった。

同時にファクトも重視し、対象地域の収穫高や年貢高を100年以上遡って調べる地道さも持ち合わせた。生きた情報とファクトとなる数字を積み重ねて分析し、その土地ごとの再建策を導き出した。

そんな**尊徳の再建策は農学書のように杓子定規でもなく、感情論でもなく、説得**

力があったから、誰も反論できなかった。

意外かもしれないが、尊徳は像のイメージではあまり大きくない印象だが、身長6尺（約182センチメートル）、体重25貫（約94キログラム）と当時にしてはジャイアント馬場レベルに巨大だった。「どうよ、わしの再建策」とドヤ顔で言われたら、怖くて誰も異論を唱えられなかった可能性もゼロではない。

尊徳は農学者と思われがちだが、自身は学者と坊主を忌み嫌っていた。だが、皮肉なことに、**晩年の彼の周囲には崇拝者が多く集まり、結果的に彼らが尊徳の言葉を記録に残し、後世に伝える**ことになるから、不思議である。そしてその記録が文字通り膨大なのだ。

インターネット直販サイトのアマゾンでも『二宮尊徳全集』（全36巻）は古書として流通しているが、これが1巻あたり、軽く1000ページを超える。

例えば竜渓書舎が1977年に発刊した第36巻は1244ページもある。36巻すべてのページ数は調べる気力もないので、仮に1巻あたり1100ページとしても全巻だと4万ページ弱だ。1日10ページ読んでも、10年以上かかる。どんだけ記録、残したいんだ。尊徳、しゃべりすぎだろ。

さらに恐ろしいのは、現代に流通している全集は言行録のすべてではないことだ。栃木県日光市今市の報徳文庫には原本が２５００冊眠っており、外国人研究者からは、**世界一大量の著述との指摘もある**とか。

さて気になる内容だが、そこは実践家らしく、携わった約６００の村の再建策が描かれており、そこに彼の経営哲学も詰まっている。と、さも全集を全部読んだかのように書いているが、残念ながら雨が降ろうとも雪が降ろうとも泥酔しようとも1日50ページ読んでも2年半近くかかるので、パラパラとしか読んでいない。だが、ありがたいことに尊徳には熱心な信者がいたことで、尊徳の思想や行動は運動として受け継がれ、気軽に触れられるようになった。江戸末期になると各地に**尊徳の思想に基づいて結成された報徳社《ほうとくしゃ》が誕生**した。この報徳社が明治末年以降の民衆の思想善導の役割を果たすことになる。

二宮尊徳に学ぶ②

道徳なき経済は犯罪、経済なき道徳は寝言

では、受け継がれた尊徳の思想とは何だったのか。

百科事典的に紹介すると、「至誠、分度《ぶんど》、推譲《すいじょう》、勤労によって道徳と経済を一致させ、富国安民をはかろうとする教え」(『ブリタニカ国際大百科事典』)となるが、わかるようでわからない。

各自が経済力に応じて支出計画を立てることを「分度」といい、分度生活の結果生ずる余剰を社会に還元することを求め、これを「推譲」と称した。**分度を立てて推譲を図ることによって、人は苦境を脱し、一村は再興され、藩もまた立ち直る**とした。

確かに、国が喜びそうな思想と言えるだろう。

明治以降、キリスト教に通じた思想家である内村鑑三《うちむらかんぞう》などがこの考えを絶賛したこともあり、明治政府は尊徳を「こいつは使える！」と思ったのか、１９０４年以降、修身教科書に**孝行、学問、勤勉、精励、節倹など、多くの徳を備えたスーパーな人物**として登場させた。徳、徳、徳、二宮尊徳はこうして生まれたのだ。

そして、昭和に入ると、小学校の校庭に二宮尊徳像が一般化し、徳と言えば二宮尊徳となった。いま風に言えばつくられたスターの側面がある。かつての格闘技Ｋ－１の魔裟斗《まさと》みたいなものだろうか。

誤解されがちだが、尊徳は武士道徳的な金銭蔑視はしなかった。農地の復興や領主の財政再建に関わっていくなかで、カネの重要性を身にしみて感じていた。「**道徳なき経済は犯罪であり、経済なき道徳は寝言である**」とまで言っている。経済的安定なくして、精神的安定も独立もないとの固い信念があったし、行為の対価として報酬をもらうことも当然と考えた。

ここで問題は「対価としての報酬」とはいかなるものかということだ。

結論から示すと**過大な金銭は必要ない**という。「一汁一菜」と「木綿着物」さえあればじゅうぶんだというのだ。それ以上の財産を持つことは精神を疲労させるだけだと言い切る。むちゃくちゃ、質素じゃん、耐えられないよと思うかもしれないが、尊徳は、

人間にとって最大の報酬は心がウキウキするかであり、それは**仕事そのものを通じて得られる喜び**だ

としている。

そう、喜んでいいのか悲しんでいいのかわからないが、**現代の名経営者たちと言っていることが同じ**である。尊徳が時に「現代日本の経営哲学の源流」と呼ばれる由縁である。

しかし、尊徳が凄いのは自らの経験からこうした教えを導出したことである。**荒れ地を耕し、苗を植える。多くの人と協力し、人材を育成し、家を、村を、再建する。無から有の創造に伴うれしさこそ報酬だ**と悟ったのだ。

考えてみれば、功名心だけでは600もの村を再建することはできないだろう。「むっちゃ評判高まったし、もういっかな」となったはずだ。尊徳による村の再建は、利他的な行為とはいえ、義務感や責務に基づくものではないことがわかる。これは第1章で見たように、達成感に基づいた自主的な選択だからこそ疲弊せず、継続できたのだ。

そして尊徳の例はもう1つの示唆がある。村の再建という特定の種類の援助をすることで、雑多な依頼が舞い込むことがなくなり、時間が経つにつれ、その人物に向けられる依頼はより専門的になる。そうなれば、提供する側も楽しく、持続的になる。結果として、尊徳は名声を得た後も多くの村の再建を続けられた。良い循環が生まれることで、ただただ**創造の喜び**に突き動かされ行動できたのだろう。

創造の喜びを報酬とし、必要以上のモノを望まなければ食うに困ることはないという信念が尊徳にはあったのだ。

人間は必要以上のモノを望むから、争いが起き、騙し騙されの醜悪な修羅場が待ち構えているのだと悟っていた。身近なところでは、遺産相続はその典型だろう。自分で築いた財産でもないのに。そんなことよりも、仕事を通じた心の喜びを大事にすることが人生を豊かに楽しくする。

机上の学問でなく、積み重ねた事実を体験知として昇華したからこそ、説得力がある。「ベンチに銀座に軽井沢」が合い言葉で、ビジネス誌のインタビューに黒光りした顔で講釈たれるような人間とは持論の厚みが違うのである。

尊徳は戦後、1946年に発行された一円札の肖像にもなった。しかし、いまではやはり戦前ほどの存在感はない。戦前に国が推奨する模範的な人物として利用された過去が、長い間、影を落としたのは間違いないだろう。

面白いことに、**尊徳の思想は、近年、国内よりも海外で注目**されている。

2003年には国際二宮尊徳思想学会が設立された。尊徳の思想を研究するための学会で、北京大学の日本文化研究者らが中心となって発足したものだ。2018年までに8回学術大会が開かれている。700人近くが参加した会もあり、関心の高さがうかがえる。

なぜ中国で尊徳なのか。『日経トップリーダー』（日経BP、2010年12月号）では、京都で開かれた第5回大会に参加した大学教授のコメントを拾い、中国の惨状を指摘している。

ＧＤＰ成長率へのひたすらの追求と、社会主義市場経済の不完備性およびその実利追求志向は、人間性の欠如、道徳の崩壊、拝金主義の横行といったようなモラル危機を来した。

こうした尊徳への関心は局地的なものではなく、中国のトップエリートが集う清華大学で刊行される日本語教科書にも、その思想が紹介されるようになっている。すごいぞ、尊徳。

徳が失われた時代に尊徳を「薪を背負って本を読んでいる人」で終わらせたらもったいないではないか。

商人は「損して得しろ！」が常識なのか

淀屋常安に学ぶ①

淀屋《よどや》常安《じょうあん》：？〜1622

江戸時代前期の商人。

大坂の材木商で、大坂の陣で徳川方本陣の構築などをうけおい特権商人となる。幕府の許可をえて中之島を開拓して移住。豪商淀屋の初代で、5代つづいた。元和《げんな》8年7月28日死去。山城（京都府）出身。姓は岡本。通称は与三郎。

（『デジタル版　日本人名大辞典＋Ｐｌｕｓ』講談社）

徳、徳、徳、二宮尊徳がいかに公益性を重視したかを見てきた。尊徳が生涯、利他的であったのは、「公」と自分の楽しさが一致していたことが下地にあった。だから、名声を得た後も多くの村の再建を続けられた。

だが、**江戸中期までは、「損して得しろ」が商人の基本だった。**「金儲けまっせ!!!!」を全面に押し出し、国家予算並の財産を築いた者もいた。それは、ギブ、ギブ、ギブとは一線を画していた。

では、なぜそうした思想が影を潜めたのかを、ここでは見ていきたい。

一見、利他的に振る舞うことで出世を遂げた歴史上の人物としては戦国から江戸時代を生きた淀屋常安が挙げられる。挙げられると、偉そうに書いたが、4、5年前にテレビの公共放送を見ていたら、出口治明《でぐちはるあき》氏（現立命館アジア太平洋大学学長）が言及していて知ったのだが。

おいおいおい、淀屋って結局、誰だよと突っ込みたくなる人もいるだろうが、淀屋の足跡は現在にも残っている。大阪市内の淀屋橋、常安橋などの地名は、淀屋が由来の名称である。

現代に語りつがれる**大坂商人の典型**とも言える淀屋常安だが、元々は山城国（京都府）の武士の生まれだった。父が織田信長に滅ぼされ、自らは武士に見切りをつけ、大坂に出る。淀川のほとりに住み、淀屋と称し、請負工事などを営んでいた。

淀屋の名を一躍有名にしたのが、淀川の築堤工事だ。入札をしても、だれも手を挙げなかったところを「やります」と請け負ったのである。

それまで淀川の改修工事は何度も計画されてきたが、そのたびに失敗していた。着工したところで、川の流れが激しく、工事途中ですべての築堤が流されてしまっていた。そのため、**どの業者も入札しなかったのだが、淀屋が破格の安値で手を挙げた**のだから、業界、騒然である。

豊臣秀吉は大いに気をよくして、淀屋には工事費を惜しむなと部下に命じた。淀屋してやったりである。

みんなが嫌がることを率先して引き受ける姿が偉い人の心を打つのはいつの時代も変わらない。誰か偉い人に自分を受け入れてもらうときに有効なのは、自分の利益ではない。どう他者の役に立つかを考え、説くことだ。自分と利害が共通する人を頭に浮かべ、その人のための支援を訴えればいい。**公益はわかりやすい利益**だろう。

工事に際し、淀屋は淀川の堤に生えていた松を1本だけ残して全部切り払わせた。

これには周囲も腰を抜かした。松の根は堤を強化するのに役立つからだ。「本当に切っちゃうんですか」と聞かれても、大丈夫、大丈夫と根っこから抜いてしまう淀屋。そして、残した松の太い枝の上に見晴台をつくり、そこから工事の全体を進行管理できるようにした。これは秀吉の真似だった。秀吉は城を水攻めする時に見晴台をつくって全体を見渡しながら、どこに水をぶち込めなどと指揮していた。淀屋は事前にそれを調べ、知っていたのだ。

ある日、秀吉が視察に訪れ、淀屋に「なんだか面白いことをしているなー」としれっと尋ねると、淀屋は待ってましたとばかりに、「**これは秀吉様の真似です**」と答えたものだから、当然秀吉にしてみれば淀屋が可愛くて仕方がなくなる。秀吉の心をわしづかみ、ポイント急上昇である。

秀吉の城攻めの手法を調べ尽くすくらいだから、淀川の工事も事前に調べ尽くしていた。

これはビジネスの大原則でもある。**相手に好意を持ってもらえれば、こちらの言うことを聞いてもらえる**可能性が高まる。人は、あなたが自分に好意を持っていると感じたり、あなたとの共通項に気づいたりすると、あなたに対して好意を抱く。

例えば、出身地や出身学校、趣味の話で意気投合してビジネスにつながるという話はその最たる例だ。営業マンには相手との共通項を事前に調べておく手間を怠らない人もいる。淀屋は現代のように情報が流通しない時代にそれをやったのだから、秀吉もイチコロだったことが想像に難くない。

勝てない戦はしない。

リターンが確実に見込めないギブはしない。

これが、この後も淀屋の人生を貫く、基本プランである。

結果、不可能と言われた長い堤防の修築工事を成功させたと同時に天下人の秀吉の覚えもめでたくなった淀屋は、ここから成功街道をばく進する。

淀屋常安に学ぶ②

人が嫌がる仕事を買って出た結果

豊臣政権の首都として、大坂は急発展し、秀吉の恩恵にあずかった淀屋も財を蓄えまくる。しかしながら、常安はあくまでも商売人だ。単なる「お人好し」ではない。リターンが見えなければ与えない。勝てない戦はしないのだ。

豊臣氏恩顧の商人と言ってよいはずなので、大坂冬の陣では、誰もが豊臣家につくかと思いきや、じっと沈黙を守り続けた。そして夏の陣で徳川家康にくみする。

大坂夏の陣が起きると家康のもとに駆けつけたが、当然、家康が訝《いぶか》しがっている。

「え、おまえ、豊臣派だろ」と。

そこで淀屋は驚きの提案をする。「ご本陣を寄付させていただきとうございます」と申し出たのだ。家康は腰を抜かす。

寄付とは文字通り、本陣の建物を全部無料で建てるということだ。当然、淀屋の持ち出しだ。常識では考えられない申し出に家康は警戒しながらも、タダで陣を建ててくれるとなれば、ほくほく顔になったのは言うまでもない。

ただ、淀屋はその際に1つだけお願いをした。**合戦が終わった後、遺体の処理をさせて欲しい**と申し出たのだ。家康が「どこまでボランティア精神あるんだよ。遺体処理って変態か！」と怪しんだかどうか知らないが、本陣を寄付してくれるうえに遺体も処理してくれるというのを断る理由もない。

案の定、申し出には理由があって、淀屋は単に遺体を処理したかっただけではなかった。

合戦に参加するには鎧、兜が必要だ。当然ながら死ぬときもそれらを身に着けている。狙いはここにあった。

大坂城落城に際して、淀屋は大坂の地内外に打ち捨てられている遺体から鎧、兜、刀剣などの武具、馬具を回収。それを転売して莫大な富を得たのだ。

淀屋は合戦に際し、約束した家康の本陣のみならず、家康の息子秀忠の岡山の陣も設営した。家康の覚えもめでたくなり、約300石相当の土地を与えられた。名字帯刀も許されるばかりか、大坂に入ってくる**塩干魚の価格決定権を取得**することになる。これは、諸国から大坂に入る干魚の品質に応じて、市価を定める独占権だが、経済知識にうとい武将はそれがいかに莫大な利益になるとも気がつかなかった。またまた大儲けだ。

その後、淀屋は大坂に集まる**諸国の米の価格の標準相場を立てる**ことも発案し、認められる。私設取引所のような代物で、これにより「淀屋米市」が誕生した。「公益」を前面に押し出し、干魚のみならず米の相場も扱ったのだ。

売る米は競売、買う米は商法知らずの殿様相手ときている。それでも現金をつきつけてとことん値切る。これでもうからないはずがない。だが、もうからないはずがないようにすることは並大抵でできるものではない。もうかると決まっていたら商売くらいうまいものはないのだ。そこに淀屋ののれんを築くだけ、常安にはさすがと思われる商才があったのだ。

(『豪商蓄財術物語』來田武六、誠文堂)

誰もが尻込みする工事に破格の安値で手を挙げる。無料で陣の設営を申し出る。

淀屋は莫大なリターンも手にしたが、それは現代から振り返った話であり、彼のその時どきの決断はまさに利他にも映る。だが、作家の童門冬二氏は淀屋を「**先を見通すための正確な情報の収集と判断**」**を徹底していた**からこうした決断が可能だったと指摘している。

つまり、リターンを手に入れたのは偶然ではなく、ある程度計算されたもので、限りなく必然に近かったのだ。負け戦はしない。リターンが見えるまで動かない。そのような意味では**淀屋は、損して得する典型的な商人だった**と言えよう。

淀屋常安に学ぶ③

損と得のバランスが崩れるとき

淀屋はその後、将軍家との距離の近さを武器に、魚市場、青物市場を支配すべく商圏を広げていく。現代なら、独占禁止法とかの対象になっていただろう。淀屋が世を去った後の2代目淀屋の頃にはその財力は将軍家をしのぐほどにまでなっていた。第1章の言葉を借りれば、マッチャーであり、テイカーではなかった。

とはいえ、その頃までの淀屋はあくまでも商人であり、豪商とはいえ、分をわきまえていた。建前とはいえ「利他」が存在していたのだ。結果的に儲けるにしても、損と得のバランス関係を重視した商人の精神は受け継がれていた。第1章の言葉を借りれば、マッチャーであり、テイカーではなかった。

それが、結果的に、2代目に実子がいなかったこともあったが、代を重ねるごとに薄れていき、4代目、5代目となると驕奢《きょうしゃ》のかぎりを尽くした。財力にものを言わせて、書院を金張りにして、庭の泉水には橋をかけた。四面と天井をガラス張りにして水をたたえ、錦鯉や金魚を泳がせて涼を楽しむ「夏座敷」を設けるなど「ザ・金持ち」な生活ぶりがひんしゅくも買った。

1705年、淀屋は闕所《けっしょ》になる。闕所とは現代では聞き慣れないが、つまり、財産没収である。家屋敷、店舗、財産のすべてを幕府に没収され、所払いとなった。将軍家をもしのぐ金持ちが、一夜にしてホームレスである。江戸時代、怖い。

背景にはバブル経済の抑制があった。

幕府は倹約令を出しており、淀屋は狙われていたが、浮かれる淀屋にその自覚もなかった。幕府への遠慮もなくなり、自らを客観視できなくなっていた。

当時、淀屋は来年、再来年の米を担保として、大名に現金を融通する〝大名貸し〟を生業としていた。西国大名はほとんど、淀屋に借金をしており、大名への貸付金は現在価値にして約100兆円とも言われた。

これ、現在の日本の一般会計での国家予算規模ですよ。金持ちどころの話ではない。もはや、オーナー経営者がランチパック片手に「月にロケットで行く」とか言い出してひんしゅくを買うどころの話ではない。

参勤交代で江戸に向かう大名も、淀屋の店先だけは駕篭《かご》から降りてすたすたと歩いたという逸話すら残っているそうだ。それほど当時、淀屋には誰も頭が上がらなかったし、恨みも買っていたとも言える。

闕所になったのも、商人の分をわきまえず、でかい顔をして武士の首を締めつけていたからであり、淀屋を潰すことで借金を棒引きにしたかったとの説すらある。

自己の利益だけを追求していたら、いずれ行き詰まる。

「与え」すぎると自分の首を締めかねないが、「与え」なければ生きていけない。淀屋の隆盛と没落はそのことを物語っている。

淀屋常安に学ぶ④

淀屋の没落が商人にもたらしたもの

淀屋の没落は商人たちに衝撃を与えた。「商い」に対する考え方も変化を見せる。徳を前面に押し出す経営が登場するのだ。

もちろん、徳や正直を重視する経営哲学はそれまでもあった。

博多の豪商だった島井宗室《しまいそうしつ》は、１６１０年に「利潤の追求が商人にとっては何よりも大切である。しかし、**貞心・律儀をはじめ礼儀正しさ、正直を第一に重んじ、うそに似たることさえも言ってはならぬ。**また、40歳になるまでは、脇道へそれることは無用」と、一切の奢侈《しゃし》を禁じた。

前半部分はわかるが、40歳になるまでは脇道へそれることは無用って、けっこうキツい。いまの40歳でもキツいが当時の40歳である。脇道へそれないまま死にかねない。当時の死亡時の平均年齢が30代半ばという調査結果もある。江戸時代の平均寿命の短さは乳幼児の死亡率の高さが影響しているから、現代と単純比較はできないが、鼻毛に白いのが交じるくらいまで一心不乱に頑張らなきゃいけないのはつらい。

また、徳川家康に仕えた旗本で後に出家した鈴木《すずき》正三《しょうさん》は、「**仕事は仏行**（天職）」との職業観を説いた。1600年代初頭に「売買せん人は、先ず、得利のますべき心づかいを修行すること。**正直の徳一筋の経営理念に徹するならば利益も多くなる**が、目先の利益に目がくらんで人を出し抜いたりするといけない」と述べている。**他人を騙せば利益は増えるが正直を貫け**と言ったのだ。

ただ、やはり淀屋の一件までは「そうは言っても。みすみす儲けを見逃せないよね。バレないように騙しちゃうよね」という風潮だった。

では淀屋のお家断絶後、何が起きたのか。

商家では「家訓づくり」がブームになる。共通する内容は、質素倹約、財産の維持、家の存続が第一と、言わば守りの経営が前面に出るようになる。確かに、いきなり財産没収となったら生死に関わる。

1724年には大坂の豪商、三星屋武右衛門らが儒学塾を立ち上げ、1729年には石田梅岩《ばいがん》が石門心学と呼ばれる思想を広めはじめる。

梅岩は商人に、

仁（思いやる心）、**義**（正しい心）、**礼**（敬う心）、**智**（知恵を商品に生かす心）**が揃えば、信用となって商売繁盛する**

と説いた。わかりやすさが受け、最盛期には門人400人が集まり、隆盛を極めた。

梅岩の教えは端的に言うと「**正直の徳**」である。

これは**日本人の経済倫理に強い影響**を残した。京都商道の開祖とも言われるその思想は、塾生とのやりとりを、梅岩没後に弟子たちがまとめた教科書に詳しい。そこでは**商人の道を知らない者は家を滅ぼす**と記されている。

では、商人の道とは何か。ざっくり言うと、**正直と誠実の心を持って顧客満足を高めろ**ということである。商人だから**収益を目指すのは当然だが、顧客にとってよ**

きモノを売り、その対価として適正な収益を得るべきだと諭したのだ。

くり返しになるが、それまでの商人道では淀屋の例で見たように損して得しろとの考えがあった。最初はむっちゃ安値で取引をはじめて、次第に価格を引き上げて、利益をあげる。

もしくは最初に恩を売っておいて、あとから交渉を優位に進める。

梅岩はそういうセコいことはするなと戒めたのだ。

またこの頃、三井総領家の3代目の三井高房《みついたかふさ》が『町人考見録《ちょうにんこうけんろく》』を書いている。父親らが語った商人の失敗談や没落した商家の原因を豪奢、投機、放漫などに区分して説いた。そのなかで大名への貸し付けは、「結局踏み倒される」と戒めた。「貸した金は返らないものと思え」ではないが、淀屋の教訓が色濃く反映されていることがわかる。

こうした商人道がはやった理由は、石門心学を筆頭に、儒学の教えを難しく言わず、より実学の色彩が濃かったところにある。

神を拝み、祖先を崇拝して、親を大事にしろ

と、商人の道徳を説いたのでウケがよかったのだ。

言葉は悪いが、誰でも理解でき、すぐにでも実行できる。いまでも居酒屋のトイレに貼ってあってもおかしくないような普遍性がある。

利益は否定しないながらも、人間の徳を実現することをベースに据える。目先のリターンばかりを気にしないで、まず与える。この頃に生まれた教えが日本経済を支えてきた側面は否定できないだろう。

日本の資本主義の父、令和に大人気

渋沢栄一に学ぶ①

渋沢栄一《しぶさわえいいち》：1840〜1931（天保11〜昭和6）

実業家。武蔵国榛沢郡血洗島村（現、埼玉県深谷市）の富農の家に生まれ、年少のころから家業に従事した。尊王攘夷《じょうい》論に傾倒し、一時は横浜の外国人居留地の襲撃をも計画した。1864年（元治1）一橋《ひとつばし》家に仕え、67年（慶応3）慶喜《よしのぶ》の弟昭武に随行してフランスの万国博使節団に加わり、ヨーロッパ各地を訪問して近代的社会経済の諸制度や産業施設を見聞した。このとき得た知識が、のち政府高官としてまた近代産業の指導者としての教養の基盤となった。

（『世界大百科事典』）

2019年、一躍、注目を集めた経営者と言えばこの人しかいない。

渋沢栄一。

「え、誰」って人は本書をここまで読んでいる人のなかにはいないだろう。

2024年度の上期に福沢諭吉から刷新される新一万円札の肖像になると発表されたことは記憶に新しい。

それにしても、一万円札が渋沢で、五千円札が津田梅子で、千円札が北里柴三郎ってちょっと地味じゃないんですかね。まあ、2007年まで五千円札だった新渡戸稲造も「何した人か知ってる？」って町中で聞いたら、多くの人は無言で、完全に「お札の人」扱いだっただろうけど。お札が刷新されたら、その後やはり新渡戸稲造はちょっと忘れられつつある。

さて、渋沢栄一だがお札の起用の発表に後押しされ、2021年のNHK大河ドラマにも選ばれた。もう、渋沢ブームの予感ぷんぷんだ。ドラマの渋沢役には俳優の吉沢亮。肖像画を見るかぎり、元力士の安美錦にしか見えない渋沢に吉沢って、いくらドラマとはいえどうなんでしょう。「ちょっとビジュアル、インフレしすぎだろ」って天国で経済人らしい感想を抱いてないかしら。

そんな、お札にも大河ドラマにもなっちゃう渋沢だが、徳について考えるうえでは外せない人物でもある。

渋沢は1840年に現在の埼玉県深谷市の豪農の長男として生まれる。生家は農業のほか、藍染め原料の加工・販売を営んでいた。それらの染め物材料を江戸を通さずに織物産地に直接卸すことで、村内で存在感を高めていった。**販路を自ら発掘して、ビジネスチャンスを拡大**したのだ。

ここに渋沢の**古いしきたりや序列を打ち破る気風の原点**を見る専門家もいる。

幼少時代から四書五経の手ほどきを受けた。利根川で江戸と直結する地の利を生かし、頻繁に江戸に出て、高い教養や剣術を身につけ成長した。

渋沢は後に幕臣として取り立てられたが、元々は攘夷の志を持っていた。江戸に出て、長州の志士と倒幕を誓うも決行直前に「ちょっとヤバそうだ」と情報をつかみ、中止し、京に逃亡。活動に行き詰まり、江戸で知遇を得ていた一橋慶喜（後の15代将軍徳川慶喜）の家臣の推挙で、慶喜に仕官する。

これにより、武士身分を獲得し、幕府の探索から逃れることに成功するのだから、けっこう、むちゃくちゃな人生でもある。

後の「**日本資本主義の父**」と呼ばれる渋沢にとって大きな経験となったのが、慶喜の異母弟である昭武のパリ万国博への派遣随行だ。渋沢は1867年から庶務・会計係として約2年間パリに滞在した。

この頃、ヨーロッパに渡った者は政治体制の違いに大きな影響を受け、「日本は遅れてる!!」と危機意識を持ったが、**渋沢はもっぱら銀行・鉄鋼業など、近代産業の実務に関心を示した**。なんだか、少しばかり地味であるが、元々、家業で商売に親しんでいたことに加え、幕末のゴタゴタで政治と距離を置きたかったとの指摘もある。

そして、滞在中、渋沢の生死に関わる大事件が起きる。派遣された年の秋に大政奉還で慶喜が政権を天皇に返上してしまったのだ。王政復古の大号令が出て、幕府そのものが消滅する。

「ええぇ、マジかよ、どうするのよ、どうするのよ、これからどうなるの俺たち」って異国の地で狼狽したのは想像に難くない。

いまと違ってインターネットもない時代だから、フェイクニュースどころの騒ぎでなく、あれこれ情報が飛び、妄想も膨らませたはずだ。

現実的な問題として送金も絶えてしまい、頭をかかえた渋沢を救ったのが、現地パリの銀行の頭取だった。**「運用すりゃいいじゃん」**と助言され、渋沢はここで投資や配当の概念を知ることになる。いつの時代も持つべきものは専門性に長けた友である。そして、わからないことは専門家に丸投げすべきである。

渋沢は残りの金を運用することで、帰国の費用を得る。

「すばらしきかな資本主義」と感涙したかどうかは知らないが、当時、渋沢はカネの使い方をすべて記帳し、公債や鉄道債券を購入、利潤を得たりしていたこともわかっている。

「資本主義の父」がパリで窮地に陥り、学んだくらいなので、当時、このような発想をする人は皆無だった。日本に帰ったら、こうした金融システムをつくりたいと渋沢が考えるのは自然のことだった。

渋沢栄一に学ぶ②

論語(道徳)とソロバン(経済)を一致させよ!

ある意味、逆臣だった渋沢だが、いつの時代も才能は放っておかれない。

1868年末に帰国すると、旧幕臣にもかかわらず、「西欧の経済に明るいヤツ」としてすぐさま新政府の目にとまり、現在の財務省の役人になる。

ここで、薩摩藩や長州藩出身の大物たちとの人脈を得たことが、後に政府の許認可を取り付け、大規模会社を立て続けに設立する際に大きく役立つことになる。

その後、渋沢は政争に巻き込まれ、下野するがその理由も渋沢らしい。

渋沢は収入と支出管理のため、省ごとに経費に枠を設けようとしたが、これを認めなかったのが大久保利通。軍拡路線をひた走り、軍備予算増額を主張する大久保と真っ正面から衝突し、渋沢は辞表を提出する。

民の立場になっても、渋沢のスタンスは変わらない。**極端な軍備費の膨張を批判し、民を富ませる経済施策の重要性を訴え続けた。**日本が発展していくには株式会社を多くつくり、民間の経済活動が栄えることが不可欠だと生涯考えた。

下野後、渋沢は政府の役人として民間に設立を働きかけていた第一国立銀行を1873年に設立する。これは日本初の銀行で、現在のみずほ銀行だ。

ここで、渋沢の著書のタイトルにもなっている「論語とソロバン」が登場する。頭取になった渋沢が職員に対して、

「論語とソロバンを一致させよ」

と訓示したエピソードは有名だ。

「論語とソロバンを一致させる」とはどういうことか。

幼少期から儒学を教え込まれていた渋沢は自己の利益より社会のための行動を常

に意識していた。商売をするにしても単なるソロバン勘定で決めるなと説いたのだ。金儲けに走ったり、資産を蓄えたりといったことを厳しく戒めた。

民間の経済活動の活性化が重要と考えていた渋沢は、銀行の機能を生かし、あらゆる業種の起業に携わる。

東京証券取引所、東京ガス、帝国ホテル、王子製紙を傘下に持つ王子ホールディングス、東急電鉄、サッポロビール、東洋紡など、日本の近代化の礎《いしずえ》となった数々の大企業を設立し、その数は500近い。鉄道やガスなど近代経済のインフラと言える業種が大半で、渋沢が立ち上げた企業があるから、いまでも多くの人が日常生活を営めると言っても過言ではない。

だが、そう言われるとそうなんだろうが、「あまり、実感できないんだけれども」と恩恵を感じていない人も多いのではないだろうか。

この存在感のなさこそ、渋沢の公益精神と無縁ではない。

渋沢栄一に学ぶ③

いまいち存在感ない…その理由に「徳」

なぜ、いまいち存在感がなかったのか。渋沢は、三井、三菱、安田、住友のように**財閥をつくらなかった**のだ。

渋沢は会長などの職で継続的に関与した会社では持ち株比率が10〜30%の場合もあったが、ほとんどの場合、**持ち株を数%に抑えて**「**渋沢色**」**を薄めた**。自分が立ち上げた会社でも、上位株主に名前がない会社も多かった。

渋沢はたとえ会長または取締役として在籍している会社であっても、その会社を支配しようとはせず、経営に対する発言権を確保するのに不自由しない程度のみ、株を所有していた。

自らつくった会社の支配にこだわらずに、必要ならば株を売って他の会社を立ち上げることもくり返した。**生涯**「**公共**」**の人で**、**利益と公益の両立を唱えた**。儲けを自らの懐に収め、さらなる儲けを企図する**現代の多くの大企業とは一線を画した経営論**を持っていたと言えよう。

これは儒教色が根強い当時でも異色だった。論語を枕元に置き、悩みがあると寝る前に手に取って読んでいたくらいなので、そんじょそこらの儒教好きではないのである。

渋沢は三菱グループの創業者である岩崎弥太郎とは犬猿の仲と言われた。

岩崎弥太郎はＮＨＫ大河ドラマ『龍馬伝』で香川照之《てるゆき》が怪演したことを覚えている人も多いだろう。金儲けの権化というか、あらゆる意味で汚らしいことこのうえなく描かれ、三菱グループが「あんまりだろ」と嘆いた、あの岩崎弥太郎である。

とりわけ道徳的だった渋沢は岩崎のような財閥の手法、すなわち**政治家との癒《ゆ》着《ちゃく》構造による利益誘導を真っ向から否定**していた。

岩崎との有名なエピソードが「向島の決闘」だ。

「決闘」と言っても、本気で殴り合ったわけではなく、料亭で岩崎と経営に対する考え方について激論を交わし、ぶち切れた渋沢が中座した（これを以て、岩崎を毛嫌いしたとも言われるが、実際には二人はその後、日本初の損害保険会社である東京海上保険を設立する。渋沢は岩崎を商売人としては認めていた）。

渋沢は社会起業家の顔も持ち合わせていた。

渋沢が目指したのは**極論すれば**

社会をよくすること

だった。**社会事業を通じて富の再配分をすることで社会が潤い、経済が循環する「道徳経済合一」**を唱え、ビジネスパーソンとして数多くの会社を立ち上げて運営しながら、社会事業や教育などへの積極支援を惜しまなかった。

渋沢が関わった福祉機関・教育機関は、立ち上げた企業数（約500）を上回る約600と言われている。

なかでも象徴的な取り組みは、社会福祉事業での養育院の運営だ。

1872年に東京会議所が発足し、渋沢はこの組織の取締に1874年に就任した。養育院は窮民対策事業で、この東京会議所の一事業として同時にはじまったものである。

現代でも社会福祉に力を入れる企業は少なくないが、形だけの企業が大半だろう。渋沢は、死ぬまで東京養育院の院長をつとめたが「お飾り院長」ではなかったのが、えらいところだ。毎月足を運び、**孤児や非行少年たちと話を交わした**という。

渋沢は国家を担う実業家のあり方として、**慈善事業を不可欠な要因**として考え、**実業人の当然の仕事**と捉えた。有言実行で、東京慈恵会、日本赤十字社の設立、そして、関東大震災後には寄付金集めに奔走した。

教育の支援にも尽力した。

従来は不要と言われていた、商人や女子のための教育機関づくりにも尽力し、日本女子大学、東京女学館などの教育機関創立を手がけた。実業教育に関しては日本全国の商業学校を支援した。現在の一橋大学の原型を整えたのも渋沢だ。

さらに、労働団体の活動を支援し、労働者の環境や地位の向上にも努めた。

経営者は社員の人格を尊重し、その福利厚生のために努力しなければならない

と主張する彼の言説は、当時としては異端であった。

しかし、いま考えると、まさに21世紀の現在課題になっているブラック企業などの事象にいち早く問題意識を持っていたということになる。

「いったい全体、どんだけ、いろいろやるのよ」と思えるだろう。渋沢、ちょっとスーパーマンのような活躍である。徳、徳、徳、渋沢栄一である。

もちろん、渋沢の場合も二宮尊徳と同じように行為自体が自主的な選択であり、達成感に基づいており、疲弊せずに逆に活力がもたらされた可能性が高い。

また、「与える」人のネットワークが築けたのも大きい。渋沢は会社だけでも500近く立ち上げており、当然ながらすべてを自分で回すことはできない。協力してくれる人がいたのだ。

心理学者のビッキー・ヘルゲソンは自己犠牲で終わってしまう「与える」人と、成功する「与える」人の違いは、援助を求めようとするかどうかだという。すべての依頼に自分一人で対応するのではなく、手助けを頼む。例えば、部下や同僚の力を借りる。

当たり前と言えば、当たり前の行為だが、**利他的な人ほど自分ですべてをやろうとする傾向にある**から、これが意外に簡単でない。すべての負荷を自分で引き受けるのではなく、誰かに協力を頼んで寄せられた依頼に応えることができれば、みんなが幸せになれる。

江戸から明治に時代が変わる激動期で、同じような理想を持った人が見つかりやすい土壌があったということもあるだろうが、「与える」人のネットワークを築くことができたのは、渋沢の成功の秘訣の1つであろう。

現代の経営者が渋沢栄一を読むべしと言うのは単なる懐古主義ではないのだ。

渋沢栄一に学ぶ④

人に会うことを惜しまない

余談だが渋沢のスーパーマンぶりは会社や教育施設をぼこぼこ立ち上げるといった昼の世界だけでなく、夜の世界でも発揮された。

「英雄、色を好む」を地で行く人生で、愛人の数が7人だの20人だの言われ、子どもは20人だの50人だの言われている。

文字通り桁が違う。

まさに日本の国力のために、日夜、上半身も下半身もフル回転で、元気はつらつ、オロナミンCもない時代に頑張りまくったのだ。

その甲斐もあってか、子孫の面々も顔ぶれ豊かだ。

財界人のみならず、指揮者の尾高尚忠《おたかひさただ》は渋沢の孫、競馬評論家の大川慶次郎は渋沢のひ孫にあたった。作家の澁澤龍彦《しぶさわたつひこ》は渋沢の遠戚だ。最近ではリアリティ番組の

「テラスハウス」に出演していたイケメンハーフモデル（澁澤侑哉《ゆうや》）が「実は渋沢の子孫だった」と、お札に決まった後、ネットニュースになっていた。

ちなみに、渋沢は1963年に発行された千円札の肖像の候補にもあがったが、外されている。

「女性問題が派手すぎるから」との声もあったが、落選した真相は「ひげ」だ。当時は紙幣の偽造防止技術が進歩していなかったため、ひげのない渋沢は肖像が複雑にならず、偽造の可能性を排除できなかったのだ。そこで、豊かな口ひげやあごひげをたくわえた伊藤博文が、採用されたと言われている。もし女性問題が理由だったなら、鹿鳴館で破廉恥しまくりの伊藤博文が採用されるわけがない。

話が脱線したが、渋沢がいくら精力的とはいえ、1000もの組織の立ち上げのアイデアを一人で考えられるものではない。なぜ可能だったか。渋沢の著書である『論語と算盤』にはこうある。

老年となく青年となく、勉強の心を失ってしまえば、その人は到底進歩するものではない、いかに多数でも時間の許す限り、たいていは面会することにしている。

忙しくても渋沢は時間が許すかぎり、人と会った。とはいえ、渋沢ほどの人物ともなれば、多忙だ。時間は有限だし、人に会うのは面倒くさい。どこの馬の骨ともわからない者も押し寄せるが、渋沢は文字通り、**出勤前に可能なかぎり、相手が誰であろうと、分け隔てなく、応じた**という。

決めた時間に人に会う、人の要望を聞くという行為は、非常に効率的であるし、現代においては利他的な行為をするために不可欠とも指摘されている。

利他的であり続けるには、人助けに時間がかかりすぎて忙殺されることがないように、自分の時間を確保することが不可欠だ。そのためには、**人の訪問を受ける時間や曜日を決めておく**。そうすると自分の仕事をやるためのまとまった時間が邪魔されなくなる。

ハーバードビジネススクールのレスリー・バルロー教授はある企業のエンジニアの多くが日中は他部門の助けに手を貸し、夜や週末に自分たちの仕事に取り組んでいる状況を改善するために仕事を妨げられない時間を設けるよう指示した。具体的には火曜、木曜、金曜の午前9時～12時までを妨げられない時間として確保させた。これにより、エンジニアの生産性は65％高まった。

渋沢も決められた時間に可能な限り面会することで、人との縁もでき、情報を得て、新たな事業の着想が生まれた。現代ほど情報が流通していない時代、**人が情報を運んできた**のだ。

そのなかの一人には、イオングループの創業者である岡田卓也の父親の岡田惣一郎もいた。当時15、16歳だった岡田は四日市から行商しながら旅費を稼ぎ、上京し、渋沢の自宅を訪ねた。いかに、渋沢が相手が誰であろうと、大人物でなくても時間を割いていたかを物語るエピソードだろう。

情報があふれる現代においても、対面で話す意味は大きいだろう。

運を運んでくるのは人である。
思わぬ出会いや気づきが人を新たな世界に導く。

渋沢はその運を生かすも、殺すも自分次第であることを知っていたのであろう。その運を最大限に生かすために、利他の心で接した。

渋沢ほどの偉業を達成できないにしても、明日から実践できる知恵である。

土光敏夫に学ぶ①

不祥事があれば「土光を見習え」

土光《どこう》敏夫《としお》：1896〜1988

経営者、財界人。岡山県御津《みつ》郡大野村（現、岡山市北区）に生まれる。1920年（大正9）東京高等工業学校（現、東京工業大学）機械科を卒業し、石川島造船所入社。1936年（昭和11）石川島芝浦タービン技術部長、1946年（昭和21）同社社長。1950年石川島重工業に社長として復帰、1960年石川島播磨《はりま》重工業（現IHI）社長、1964〜1972年会長。1965年東京芝浦電気（現、東芝）の社長に就任し再建に努力、1972年会長となる。1968年経済団体連合会（現、日本経済団体連合会）副会長、1974年経団連第4代会長として「行動する経団連」を実践（名誉会長）。1981年第二次臨時行政調査会会長となり、行革問題に取り組むほか、橘学苑《たちばながくえん》（中・高校）理事長として女子教育に尽力。「簡素」「シンプル・ライフ」が信条。

（『日本大百科全書』小学館）

「現代の二宮尊徳」と呼ばれたのが土光敏夫だ。昭和の経済人だが、21世紀のいまも、**社会に対して貢献しようという意識を持った代表的な経済人**として位置づけられている。

現代の経営者から学ぶことはないと「はじめに」でぶった切った覚えがあるが、土光は「天然記念物」と呼ばれるほど「徳」の高さで知られた人物だけに「例外」だ。

2010年代半ばに東芝の不正会計処理問題が起き、経営が傾いたときには「かつて社長を務めた土光敏夫が泣いている」とメディアが揃って書き立てたことを覚えている人も少なくないだろう。死後30年以上経つが、経営者が不祥事を起こした際などは、**「土光敏夫を見習え」的な文脈でよく引き合いに出される**人物だ。

土光は1896年に岡山県で生まれ、東京高等工業（現東京工業大学）機械科を卒業後に、石川島造船所（現IHI）に入社する。経営難に陥った同社の業績をV字回復させたのみならず、先に触れたように業績不振にあった東芝にも招聘《しょうへい》され、社長として立て直した。

1974年（昭和49）には経団連の会長に就任。1981年（昭和56）に第二次臨時行政調査会（臨調）会長に就き、80代半ばという年齢からは考えられないほどの行動力で、行政改革の旗振り役を務めた。「増税なき財政再建」を打ち出し、国と地方自治体の改革、三公社（国鉄、電電公社、専売公社）の民営化、特殊法人の整理などに尽力した。

このように、経済人としての功績もとてつもなく大きいのだが、土光の名が後世に残るのは「**無私**」**の人**と言われた生き様によってだろう。

日常の食事は極めて質素で、ご飯は茶椀1杯、好物は煮干しの庶民派だった。一汁一菜、野菜は自給自足していたため、**夫婦の1カ月の生活費は3万円**とも言われた。

質素な生活ぶりから「メザシの土光さん」と呼ばれたが、決してケチなわけではなかった。常識にとらわれずに無駄なことを嫌っただけなのだ。

臨調の会議では洋食弁当や大きな折り詰めなどが出たが、土光は量が多すぎて全部を食べることができないと思ったときにはパンと牛乳を用意して、弁当は事務局の若い人にあげてしまったという。**残すくらいなら食べられる人に全部あげてしまおう**というわけだ。これを見た他の出席者は土光の目を気にして、腹いっぱいでも無理して残さず食べたという。

自宅は日本が太平洋戦争に突入する寸前に建てられたもので、3部屋の平家建て。この小さな家に石川島播磨重工業社長、東芝社長、そしてなんと経団連会長になっても50年近く住み続けた。**経団連会長が平屋ですよ、平屋。**

しかも、応接間を除くと1980年代に入っても、**暖房設備が家になかった。**曲がりなりにも天下の東芝のトップや経団連会長を務めた経済人の自宅の居間や寝室などに暖房がないのである。東芝で暖房器具つくっていたんだから自社製品買えよとも突っ込みたくなる。当然、来客はみな、驚いたらしいが(平屋の時点で驚くだろうが)、土光はこう振り返っている。

別にケチでそうしていたのではない。家の中と外とで温度差が大きいと、かえってカゼを引きやすい。その点、わが家は実に健康的で、ぼくはカゼをほとんど引かない。歩くことも同じで、すぐ車に乗る習慣をつけると足が弱くなる。だから、ぼくはなるべく歩くように心がけている。

（『日々に新た　わが人生を語る』土光敏夫、ＰＨＰ研究所）

土光なりの功利主義だったのだろう。

自宅の草むしりも業者を使わず、つぎはぎだらけの帽子をかぶり、上半身裸になって自分でする。日曜日はゴルフなど行かずに畑仕事に精を出す。作業用のズボンはベルトの代わりに使い古したネクタイで締める。まるで裸の大将。絵を描いていたら、山下清と区別がつかない。

朝4時か5時には目をさまし、30分間法華経を唱えたあと、散歩、木刀振り。新聞に目を通して6時半には家を出る。そして、夜は酒席は避け、7時半には戻って、11時には床につく。服も新調しなければ、床屋にも行かず、息子に切らせる。移動はハイヤーを使わずにバスと電車を乗り継いだ。

こうした生活を91歳で死ぬ数年前まで続けた。ストイックすぎるが、土光の生活は**自分の「時間割」を持つ**重要性を物語っている。

アダム・グラント氏の論文では、あらゆる業界の特徴として、**組織にもっとも貢**

献する人々、つまり誰よりも率先して支援に乗り出して最善の意見を述べる人々は、自分のための時間を確保していることを指摘している。利他的に振る舞うためにも「生活の型」を意識し、崩してはいけないのだ。

土光敏夫に学ぶ②

年収5000万、メザシを食う

ちなみに土光がどのくらいもらっていたのか。俗っぽい私は調べてみた。「日経ビジネス」1974年6月10日号の『日米トップの所得比較』によると、東芝会長（当時）だった土光の年収は1972年度（昭和47）が5612万円、1973年度（同48）が6162万円である。

「日経ビジネス」の1976年6月7日号の同じ特集では、1974年度（昭和49）が6361万円、1975年度（昭和50）が4939万円とされている。

いまでも年収5000万前後もらっている人などほとんどいないだろうが、時代は昭和50年前後だ。昭和47年のサラリーマンの平均年収は約115万円に過ぎない。郵便はがきは10円で大卒の平均初任給が4万8600円、国立大学の年間授業料が3万6000円の時代である。そんな中、**5000万円である。いまの感覚で言えば2億円は超えてる**だろうか。

それでも3部屋しかない、暖房もない家に住み、銀座に飲みにも行かずに、メザシを食べちゃうのだ。そりゃ、「メザシの土光さん」と言われます。

ちなみに先の特集によると、1975年度の経済人のトップは大正製薬の上原正吉会長が10億7233万円、東急電鉄の五島昇社長が9億4256万円で続き、3位に松下電工会長の松下幸之助が8億3045万円で入っている。

さすがにこうした土光の質素な生活を「やりすぎだろ」と首をかしげる者もいたという。

ぼく自身の生活はごく普通で、ムダなぜいたくはしていないが、よく「土光さんみたいに、日本人がみなつつましい生活をしたら、日本経済は不況になり、失業者がふえる」といわれる。

ぼくがカネをためて、タンスの引き出しにしまい込んでいるのならともかく、使うべきところには使っている。ムダなことをしていないだけで、余ったおカネは、母親から継いだ橘学苑のほうに回している。

（同書）

橘学苑とは、土光の母親が「国の基盤となる人を育てたい」と願い、70歳を超えてから周囲の反対を押し切って設立した女学校だ。

土光は母親の血を強く受け継いでいたのだろう。土光自身も「父親（菊次郎）は小柄で、あまり力がなかったが、ぼくは母親系統の血をひいて、小さいときから体に自信があった」と気質のみならず、体質も母親似であったことを述懐している。

そして、母親の死後、土光が理事長に就任してその遺志を継いだ。会社勤めで得た**給料のうち、わずかな生活費を差し引いて、残りを蓄財するわけでもなく、すべてを学校運営にあてた。**土光には時間のみならず、お金もいかに使うか、「型」があったのだ。

「無私」の心で、人を育て、良い世の中をつくりたいという理想を掲げ、突っ走る。

これは何も著名な経営者になってからのスタイルではなく、土光の場合、一貫している。

土光は石川島造船所に入社後、純国産船舶用タービンの開発に没頭した。それこそ、睡眠時間を削りに削り、眠る以外のほとんどすべての時間を開発に捧げていた。

そうしたなかでも唯一、土光が仕事以外に時間を割き続けたことがある。教育だ。仕事が終わると、やる気のある少年工を集めて、機械工学や電気工学を教える「夜間学校」を手弁当で開校した。

少年たちがお腹が空けば自腹でごちそうした。少年たちに対する気配りや愛情もあっただろうが、**一人ひとりの技術力が上がらなければ造船所全体、国全体の技術力も上がらない**という土光なりの考えがあった。

土光敏夫に学ぶ③

無私の徳は会社を変え、国をも変える

あまりにも徳が高すぎて、クラクラしてしまうのは私だけだろうか。土光ならぬ後光がさしまくりだ。目がくらむくらいにまばゆい。

もちろん、敗戦から立ち上がろうとしていた当時の日本の状況もあっただろう。「今日より明日がよくなる」という希望を誰もが持て、そのために自己の利益を犠牲にしてまでも社会全体を豊かにしようという空気は満ちていたはずだ。

戦後に日本を代表する名経営者が、例えば松下幸之助にせよ、本田宗一郎にせよ、稲盛和夫にせよ、一様に徳について言及しているのは前述したとおりだ。とはいえ、土光の「無私」、「徳」の高さはずば抜けていたのだろう。

ソニー創業者の井深大《いぶかまさる》は「最も尊敬できる人は誰かと聞かれれば、無条件に土光さん」と褒め称え、作家の城山三郎は「一瞬、一瞬にすべてを賭けるという生き方の迫力、それが80年も積もり積もると、極上の特別天然記念物でも見る思いがする」と評している。

土光にはとにかく我欲がなかった。
その欲のなさが共感を生み、周囲を動かした。
周りを敬服させる力が自然に自分が欲している以上の利益を呼んだ。
無私の徳が会社を変え、国を変える力になったことを土光の生き様は示している。徳のお化けのような土光は、見習おうと思っても見習えないかもしれない。少しでも見習いたい一方で、冷静に思うところもある。周りの人は大変だったのじゃないかなと。

土光はいくつもの名言を残している。

例えば、「社員は3倍働け、重役は10倍、オレはもっと働く」。社員に働かせるだけ働かせて自分がふんぞり返っていては話にならないが、「俺はむっちゃ働いているんだからおまえは（いまの）3倍は働けよ」って言われるのもつらい。

これまで強調してきたように、行為自体にやりがいを感じられれば、その行為が第三者からいくら利他的に見えようがパフォーマンスは下がらない可能性がある。だが、誰もが土光のような感覚を持ち合わせているわけではない。むしろ、企業の立て直しや社会全体の発展にそこまで生きがいを持っていない人のほうが多いだろう。滅私の気持ちが強くなれば、達成感は減り、パフォーマンスは低下する。

土光は東芝の社長になったときに、業績の立て直しのためにムダな物をそぎ落とした。トイレ付きの社長室を撤廃し、出張はお付きを伴わず一人で出かけ、社用車もなくし、バスと電車通勤で通した。

役員の個室も4人部屋に変えてしまった。いくら「モーレツ」が賛美された時代とはいえ、3倍働いて役員になっても4人部屋で10倍働かなくてはいけないなんて、少し同情してしまうではないか。

経団連の会長の時は「経費削減」と来客用のエレベーター1基だけを動かして、階段を使った。80歳近いのに恐れ入るが、間違いなく、「階段つらい。腰痛い」って人もいたはずだ。

とはいえ、経営不振に陥った企業が合理化を進めるのは当然だ。**問題は頑張った**

分だけ報われるかだろう。

土光敏夫に学ぶ④

自分を見失わない

報酬についてはこうした言葉を残している。

「仕事の報酬は仕事である」

時代は戦後の高度経済成長期、「いつかはクラウン」、「いつかはマイホーム」の時代だ。おそらく日本人のメンタルとしては「欲しがりません勝つまでは」の残滓《ざんし》があって、非人間的な満員電車に追い込まれ、軟体動物でなければ本来ならば耐えられないような体勢で揺られ、会社に着けば上意下達《じょういかたつ》、デヴィ夫人ならばぶち切れ必至のような理不尽に耐え、残業終わりに、ガード下で「植木等みたいなサラリーマンなんてどこにもいねーよ」とくだを巻いていた時代だ。

そ、こ、で、「仕事の報酬は仕事」なんて言われたら、一揆でも起きかねないんじゃないか。と思う人もいるだろうが、先の言葉には続きがある。

「そんな働きがいのある仕事をみんなが持てるようにせよ」

この言葉はいまでも響くものがある。

結局、高収入の仕事に就いたところで、その仕事がつまらなく、意味が見いだせなければ長続きしない。**仕事が続くかは、いきがい、やりがいがあるかというところに行き着く**ことは歴史が証明している。

土光の時代はそれこそ右肩上がりに経済が成長し、所得も倍倍で増えていった。稼ぐことが目的化していった時代でもあった。だからこそ、

自分を見失ってはいけない

と警鐘を鳴らす側面もあったのだろう。

土光は日本の将来をこう危惧していた。少し長いが引用しよう。

みんなの生活は豊かになったが、このままでは二十一世紀の日本はどうなるか。ぼくの時代じゃない。若い人たちの時代だ。もう二十年もないのだから、ひとつ頼みますよ。

物質的に豊かになったけれど、心がなくては困るでしょう。「国家百年の計」という言葉があるように、これまでのような目先のことに追われるのでなく、じっくり先のことを考える心の余裕を持ちたいものだ。

いまの子供たちは、ぼくの時代より豊かになった。それはそれで結構なことだし、昔の貧しい時代のほうがいいわけではない。しかし、豊かであることとぜいたくとは根本的に違うことなんだ。ぜいたくするから文化があがるのではない。

（同書）

土光が死去したのはバブルまっただ中の1988年。

「心がなくては困るでしょう」と懸念したとおり、日本経済が狂乱の時代へとひた走ってしまったのは皮肉である。

土光は教えてくれる。**豊かな時代になろうと、自らの社会的地位が高くなろうと「自分のフォーム」を崩してはいけない**のである。それが自分のためにも社会のためにも重要なのだ。

第3章　会社は誰のモノなのか

カネを出したら、俺のモノ、でもない…。

会社の利益を追求する、一介の会社員が、ビジネスシーンで利他的に振る舞うなんてできるわけ？　だって、会社って株主のモノでしょ？　ところがいま、ビジネスで社会課題を解決する企業が増えている。

利益の追求と利他は両立するわけ？

「お人好し」にならずに「与える人」になるにはどうすべきかを見てきた。

が、多くの人はそれでも「そうは言っても……」という気持ちを拭い去れないだろう。むっちゃ正しいリアクションだ。

将来的にいいことがある可能性が高いとしても、毎日ワンコインを握りしめ、昼飯選びに四苦八苦しているサラリーマンにしてみれば、「そんないつ返ってくるかわからないものよりも、いますぐにでもリターンが欲しい」というのが本音だろう。奢ってもらえるなら一週間後のステーキより今日の牛丼特盛なのである。もちろん、頑張れば利他的に振る舞うことはできる。昼休みに会社の前で小学生が赤い羽根の募金箱を抱えていたら、昼飯を食わずになけなしのワンコインを箱に投じるようなことはできる。しかし、「同情するならカネをくれ」とランドセルを背負った子どもが言い放ったところで、二十数年前と違って、まったく衝撃が走らないような寒々しい世界に我々は生きているわけで、そんなマザー・テレサも逃げ出しかねない聖人君子のような行動は、誰もができるわけではない。

そこまで身を削るか否かという話でなくても、利他的に振る舞い続けるのは簡単なことではない。

おそらくこの本を読んでいる人の多くは、企業など何かしらの組織に所属している、もしくはこれから所属する人だろう。そして、そうした人たちは一日の大半を組織で過ごすことになる。**利他の精神を発揮し続けるのが困難なのは、一つに、組織においては、その振る舞いは制限されてしかるべきだから**である。

組織にはそれぞれ目的がある。企業ならば企業理念があって、営利企業であれば、ブラック企業でなくとも、利益追求を無視できないからだ。

自動車メーカーに勤めているとしよう。

「下請けが仕入れ価格をこれ以上、下げられないと言ってきました。かわいそうだから以前より高値で買い取ることにしました」と上司に言えば、大半の企業では「おまえ、ちょっとなに言ってるんだ？」という話になり、翌月から窓がない部屋で一日中、写経させられかねない。それが21世紀の日本の現実だ。

利益を自らドブに捨てるような行いは現代の営利企業で許されるはずがないのだ。特に日本でも1990年代末以降、**上場企業ならば株主利益をひたすら追求することが善**とされてきた。

上場とは株式市場を通じて、広く株式を売り買いできるようにすることだ。

上場と聞くと、創業経営者が巨額の富を得て、運転手付きのリムジンに乗って、芸能人と付き合って、月に行くようなイメージを持つかもしれないが、本質的には、企業が資金を広く調達して、ビジネスのさらなる拡大を狙う手段である。

当然、企業は資金を出してくれた株主にリターンをしなければならない。それは持ち株の数量に準じた配当だったり、株価が上昇することによる含み益の拡大だったりする。

メディアなどで「**株主の利益を追求しろ**」**という圧力がかなり高まっていること**は、見聞きしたことがある人も多いだろう。「**物言う株主**」という言葉も耳にしたことがあるはずだ。

これらの流れの背景にあるのは、つまるところ、

カネをいっぱい出すヤツが偉い

という発想である。これがここ20年くらい、世界中で猛威をふるっていた。**お客様は神様でなく、株主が神様だった**のだ。

しかしながら、いま利他の波が企業にも押し寄せている。

株主の利益を無視することはできないが、一見、株主の直接の利益にならないような振る舞いも求められている。**会社も従業員も、いかにギブするかが問われはじめている。**

国際目標はＳＤＧｓ

幸せな社会の実現は話が大きすぎるのか？

「**ＳＤＧｓ**」という言葉を聞いたことがある人は多いだろう。

無論、「なんて読むの？」と思った人もいるだろう。「エスディージーズ」と読む。そのまんま、である。たまに、最後の「ｓ」が小文字だから「ＳＤＧｓ」と書いてあるのに「エスディージー」と連発している人がいる。「ＳＤＧｓ」とは「**Sustainable Development Goals**（**持続可能な開発目標**）」である。「ｓ」は「Goals」の「ｓ」であるから間違いではないが「書いてあるとおり読めよ」と突っ込みたくなるのは私だけだろうか。そんな「ＳＤＧｓ」については、聞いたことがあってもモヤっとしている人が多いのではないだろうか。

「ＳＤＧｓ」とは、**貧困撲滅や気候変動への対応、水の安全や健康福祉など、「持続可能な世界の実現」に向けて、国連が定めた17の目標だ**。そしていま、「ＳＤＧｓ」を戦略の中心に据えることを企業のこれからのあるべき姿だとする機運が高まっている。

気候変動や貧困撲滅と聞くと、世界平和のような壮大なテーマに聞こえるかもしれない。壮大すぎて、実現できなそうというか、ちょっと胡散くささえも聞こえるだろう。だが、**ビジネスを通じて社会課題を解決する視点を多くの企業が持ちはじめている。**

例えば自動車メーカーなら、いま、アフリカなど新興国での販売に力を入れているが、車を売るだけでなく、交通事故や低品質の車の流通を防ぐため、そうした国々に車検制度の導入などを提案している。

「そんなのきれいごと言っているだけじゃないの」と理念的なもののように受け止めた人もいるかもしれない。しかし、企業を利己の追求として捉える考え方は、徐々に退場を迫られているのは間違いない。

投資家も、短期的なリターンでなく、中長期的な視点で舵取りする企業を評価するようになっている。かつてみたいに「俺（株主）の利益だけ考えて経営してりゃいいんだよ」では通用しない空気を実感しはじめているのだ。

２０１９年夏には、米国最大規模の経済団体「ビジネス・ラウンドテーブル」が**株主至上主義を廃止する**と発表し、世界に激震が走った。

それもそのはずだ。約50年の歴史を持つビジネス・ラウンドテーブルが、株主利益を最優先としなかったのは初めてのことだったのだ。

「『アメリカ全国民を助ける経済』を推進するため企業の目的を再定義する」と銘打たれた声明では、従業員に公正な給与や「重要な手当」を提供すること、地域社会の支援、下請けなど取引先に対する倫理的態度といった目標を、新たな優先課題として位置づけた。

約１８０人の企業トップがこの声明に署名し、そのなかには、アマゾン、アメリカン航空、ＪＰモルガン・チェースなどの最高経営責任者（ＣＥＯ）が含まれる。言わば「**米国資本主義の権化**」**と見られるような面々が名を連ねた**から、ビジネス界がいかに衝撃を覚えたかは想像に難くない。

そもそも、株主至上主義は、ノーベル賞を受賞した米国の経済学者ミルトン・フリードマン氏が提唱し、近年の企業活動の基礎とされてきた。

これは多くの人が想像する「**会社は株主のモノ**」、「**カネを出したヤツが偉い**」のベースとなる考え方だ。カネ出したヤツが偉いなんて、キャバクラで「俺は太い（カネをたくさん払う）客だから触らせろ」と言うようなヤツと変わらない言い分だ。しかし、これが世界のスタンダードだった。

つまり、極論すれば、

会社は株主の利益を追求する道具である

という思想だ。

株主の利益のために取締役が選ばれ、最高経営責任者が選ばれる。透明化した枠組みで、一にも二にも株主利益を最大化することを徹底する。

会社は誰のためにあるのか、誰のものか。

その経営を担う組織の構造はどうなっているのか。

そこにはどんな機能が与えられているのか。

こうしたマネジメントの職務を監視するメカニズムはどうなっているのか。

こうした議論を**コーポレートガバナンス**と呼び、日本語では**企業統治**と訳す。コーポレートガバナンスの議論については、本来、「会社は誰のためにあるか」から論じるべきだが、近年は「会社は株主のモノ」という前提で、組織や監視のあり方についてばかり、論点が集中していた。しかし、制度論のそもそもの根底となる「会社は株主のモノ」を揺るがせてしまったのが、ビジネス・ラウンドテーブルの今回の声明だった。

ビジネス・ラウンドテーブルでは1978年以降、定期的にコーポレートガバナンス原則を公表してきた。

1981年には「ステークホルダーのバランス論」が唱えられた。これは株主だけでなく、企業の利害関係者の利益にも配慮すべきとの考えだ。「株主が期待する利益の最大化とその他の利益のバランスを取ることは、企業経営における根本的な課題の1つである」としており、今回の声明にちょっと近い。とはいえ、あくまで株主利益の最大化を旗の中心に掲げていた。

大きな転換点を迎えたのが1997年だ。この年から株主至上主義を鮮明にし、

「経営者と取締役会の最重要の義務は企業の株主に向けられるべき」とした。

この背景には会社に代わって役員に賠償を求める株主代表訴訟により、巨額の賠償金支払いに晒される米国の取締役ならではの事情もある。数十億円の賠償請求は日常茶飯事で、訴訟リスクを低減できる（役員向けの）保険も用意されているような世界だ。1997年の原則は「バランス論」よりも、はっきりした基準を求めた結果だろう。

そして、この流れが「株主至上主義」として現在の米国の企業経営の基準となり、世界も従うべきだという考えになった。米国追従が基本の日本は、当然、会社組織を急ピッチで見直したが、それが急に変わったわけだから、その衝撃は計り知れないことがわかるだろう。

「従業員のモノ」から「株主のモノ」へ

日本の「株主至上主義」

日本が米国流を導入した背景には、**1990年代末以降、企業経営のあり方に厳しい視線が投げかけられるようになった**ことがある。

その原因としてはまず、**バブル崩壊以降、企業の業績が低迷したこと**が挙げられる。それまで「絶対に潰れない」と言われていた金融機関が破綻するなどして、「企業業績も良くなるどころか停滞したままだし、これまでの日本の経営って間違っていたんじゃない？」と皆が疑いはじめたのだ。

次に、相次ぐ不祥事で、企業への信頼が揺らいだことが大きい。金融、メーカーなど職種を問わず企業の暴走が目立ち、いかにして企業、経営者を律するかが論点として浮上した。

現在アラフォー以上の方なら、2000年に起きた雪印乳業食中毒事件を覚えている人も少なくないだろう。戦後最大規模の集団食中毒事件を起こした経営者が悪びれもせずに「私は寝てないんだよ！」と記者に逆ギレしたのは戦後の企業史に残る迷言と言えよう。

最後に**世界的な株主重視の流れ**がある。日本でも株主代表訴訟などが容易になり、「物言う株主」が出現した。村上ファンドとかみんな覚えているはずだ。

それまでの日本の企業は共同体的な役割を担っていた。戦後日本は企業が人生のライフステージを丸抱えし、従業員は滅私奉公することで、焼け野原からの高度経済成長を成し遂げた。

学校を卒業して企業に就職すると、職場で結婚相手に出会い、社宅に住み、休暇には同僚と遊びに出かけるなど家族ぐるみで付き合った。仕事のスキルもその企業に適した形で育まれた。良く言えば最適化され、悪く言えばその会社以外では通用しない能力を培ったが、転職が「負け組」と見なされたような時代には、それで不自由しなかった。

つまり、**企業は「家」**であった。

従業員はすべてを会社に捧げる。その見返りとして、安定した老後は保障された。

だから多くの日本人が「**会社は従業員のモノ**」と考えていたのだ。そのスタイルでバブルまではすべてがうまく回っていたし、疑う必要もなかった。それがバブル以降は、にっちもさっちもいかなくなった。「おまえらは間違っていたんだ」という外圧も手伝い、株主を重視する経営を意識せざるを得なかったというわけだ。いつの時代も、物事がうまくいかなくなると、途端に手のひらを返されるのは世の常だ。

ガバナンス先駆者だったはずの日産と東芝

抜けない昭和体質

人間は成功体験を忘れられない。だから「会社は株主の利益を追求しなければならない」と言われても、１９９０年代後半の多くの日本の経営者は「そんなわけないだろ」とシカトをぶっこいていた。

しかし、あまりにもうるさいので「ギャーギャーうるせーな、わかった、わかった」と、本音ではまったくもって株主やら透明性なんて重視していないのに、**形式的にガバナンス改革に乗り出す**企業が見受けられた。

いまとなっては皮肉なことだが、当時、いち早くガバナンス改革に乗り出したのが日産自動車であり、東芝だった。そうして先行した2社が約20年の月日を経て、経営者が会社を私物化したり、ずさんな会計処理をしたりで、本来、ガバナンスがもっとも防ぐべき事態を招いたのである。

だが、残念ながら多くの上場企業は形式的にもガバナンスを整えたりはしなかった。

「昔はうまくいっていたのに、いま、うまくいかないのは、気合いが足りないからだ」くらいに思っている経営者も少なくなかったのだ。元気があっても、できないものはできないのに、昭和のメンタリティーだったのだ。

実際、**日本の企業の習慣の大枠は、令和のいまでもほとんど昭和**のままであったりする。

最近、トヨタ自動車や経団連のトップが「終身雇用はもたない」と言ってメディアは上を下への大騒ぎとなった。しかし、新卒一括採用と終身雇用制度という、人口が右肩上がりの時代の枠組みをいまだに維持しているほうが不自然ではあるのだ。プレイステーションのソフトを、スーパーファミコンで必死に再生しようとするような話だろう。この喩えがそもそも、令和っぽくはないけれど。

話を戻そう。

そうしたなか、2015年に東京証券取引所によって**コーポレートガバナンス・コード**なるものが制定された。これは端的に言うと、**中長期的な企業価値の向上の**

ための原則を示すものだ。具体的には、2人以上の独立社外取締役の選任を求める、といった内容が含まれている。「お仲間」ではない会社外部の人間を役員会に入れて透明性を高めて、株主利益を追求するための形を整えろという話だ。

是非はともかく、**民間企業のあり方を官主導で明文化**するあたり、日本で株主利益がそれまでいかに重視されてこなかったかを物語っている。

ちなみに、ガバナンス・コードはあくまでも原則だ。法的な強制力は持たない。すなわち、「従うか、さもなくば、従わない理由を説明せよ」という方針に過ぎない。これは、一見、企業ごとの自主性を認めているように聞こえる。しかし、「右へ倣《なら》え」体質の強い日本では、実質的な強制と言っても差し支えない。

実際、東京証券取引所の調べでは、独立社外取締役を2人以上選任する東証一部上場企業の割合は、2019年は93・4%で、コードが公表される前の2014年の21・5%から4倍以上に増えている。

ずっと先延ばしにしてきた事案に、「しょーがねーな、もう言い逃れできないか。官が主導してきたんだし」と重い腰をあげたことがわかる。ところが、こうしたなか、米国が株主至上主義を捨てたものだから、日本の経済界でも「え、マジ？　せっかく整え直したのに」という声があちらこちらから聞こえてきたのだ。冗談抜きにアメリカのビジネス・ラウンドテーブルの声明は終戦を知らせる玉音放送並みのできごとなのだ。

今回のビジネス・ラウンドテーブルの声明により、「米国も日本のかつてのような、従業員や地域社会を重視する経営の素晴らしさがようやくわかったのか」とか、「日本型経営の復権」といった声が、一部では上がった。

しかし、それは勘違いも甚だしい指摘である。

留意すべきなのは、**米国は行きすぎた株主重視の結果、揺り戻しが起きているだけ**だという点だ。これは、**過度な株主軽視が指摘され、透明性の枠組みも道半ばの日本が置かれている状況とは本質的に異なる**と認識しなければいけない。結局のところ、利己的すぎては企業も人も生きてはいけないということだろう。

しかしながら、米国の企業が本当に株主以外の利害関係者を重視するかどうかは疑わしい一面もある。

というのも、**米国では巨大企業への富の集中が批判の対象**になっている。ソーシャルメディアでもボロクソに叩かれており、特に消費者相手の商売をしている企業は「評判」が悪くなることに歯止めをかけるのに必死だ。「**ポーズ**」**として地域社会や取引先、従業員などの利害関係者の利益を唱えている**に過ぎない可能性も拭い去れない。やはり、「カネを出している俺様のことだけ考えろ!」と思っている可能性もあるのだ。

ここで気になることがある。そもそものそもそもだが、

本当に、
会社って株主のモノなんですか

ということだ。

なぜ「会社は株主のモノ」になったのか

3つの理由

本書は経営学の論文ではないので端折るが、ざっと経営学の本を読むと「会社は株主のモノ」という根拠は、日本では大きく3つあると考えられている。

1つが**私有財産制度**だ。

私有財産制度とは近代社会の制度の1つで、所有、使用、収益、処分の権利を有し、一切の結果責任を負うという概念だ。なんだか小難しく聞こえるかもしれないが、

「私の財産は私のものだから、どうしようが勝手でしょ。勝手にした結果、不利益を被っても、それも私のせい」

という考え方だ。

これは21世紀を生きる我々にとってしてみれば当たり前と言えば当たり前だ。『ドラえもん』でジャイアンが「おまえのものはおれのもの、おれのものもおれのもの」と自分の所有物に対する権利を主張しつつ、他者の所有物にも権利を主張する姿勢に「むちゃくちゃじゃん」と我々が違和感を抱くのも、私有財産制度が根付いているからだ。

今日においては、すべての「モノ」には必ず所有者がいて、会社も例外でない。私有財産制度に基づいて経済活動が行われている以上、例えば株式会社ならば、株主はお金を出して株券を所有している。万が一、企業が倒産したら株券が紙くずになるというリスクも負っているわけだから、株主が会社を支配できるという理屈だ。

「会社は株主のモノ」の根拠のもう1つが**法律**だ。

株主は会社に対して各種の権利を有し、また出資義務を負う。

会社を対象とする法律である会社法には株主の権利が決められている。具体的には大きく2つある。

① 配当の請求権など、株主が会社から利益を受ける権利（自益権）

② 株主が会社の管理運営に参加する権利（共益権）

「会社は株主のモノ」と捉える主張では、**株主は自益権と同じく共益権も自分の利益のために行使できる**としている。それは、企業に対して出資することは間接的ではあるが企業を「所有」していることになるからという理由による。

確かに株主は株式を持つだけであるが、株主は自分の持ち分を自分のために管理できる。

あなたが、ある企業の株式を持っていたら、それを煮ようが焼こうが勝手である。また、会社の重要事項を決める株主総会で反対しようが賛成しようが自由である。

どうだろうか。「企業の持ち主は株主」というのは筋が通った説に映るだろう。だが、私有財産制度と会社法は実は大きな矛盾を抱えている。

株式会社は法の上では50％超の株式を持つことで、株主総会をコントロールすることができる。会社を好きなように経営し、会社の財産を自らの財産のように扱うことが可能になる。
あなたの周囲にも株式会社を立ち上げた知人がいるはずだ。大半が、「オーナーで、かつ経営者」であるような小さい企業だろう。彼らが会社は株主のモノと言っても「その通りだ」と皆が頷くだろう。だが、現代においては、上場しているような大きな企業の場合、「経営者はオーナーではない」ケースがほとんどだ。現代の大企業は株式が多く発行されるために分散し、不特定多数の株主が存在している。中には例えば、特定の環境問題対策を重視した企業に対して投資するなど、必ずしも「株主利益＝高い経済的リターン」とだけ考えていない少数株主（株式を多く持たない株主）も増えている。

つまり、「カネを払ったから俺のモノ」の理屈のうえでは、少数株主の権利が説明できない。株式の5割超を握る株主がいるかぎり、少数株主が会社を好きなように運営することなど不可能だからだ。

これは「会社ってのは、そういうものだ」と言えばその通りだ。「そんなにいろいろ言いたいなら50％より多く、株を持てよ」という話かもしれない。それもその通りだ。

だが、少数株主の権利が無視されるという状況を生み出すかぎり、「俺のモノだから自由にできる」という理屈を論拠に「会社は株主のモノ」と主張するのは無理がある。なぜなら、少数株主が「カネを払ったから俺のモノ」と声高に叫んだところで通用しないからだ。

くり返しになるが、個人企業や零細企業ならば、会社の財産を「個人の財産」というふうに捉えることができる。そうした企業の大半は、先に述べたように株式を経営者や親族で握っているからだ。会社のカネでベンツを買おうが、海外旅行に行こうが、株主が自分や親族なのだから少数株主が存在せず、私有財産権を侵害する可能性は低い。

ただ、メディアなどで騒がれている「会社は株主のモノ」かどうかという議論は、そこら辺の「三ちゃん（父ちゃん、母ちゃん、ばあちゃん）経営」の企業の話ではない。上場しているような大企業の話だ。

そうした大企業では株式が分散しており、特定の誰かが株を過半も握ることはない。従って、「会社の持つ財産は（私有財産制度を根拠にして）株主の自由になる」というのはおかしな考え方だと言わざるをえないだろう。

会社の悪さは誰が謝まるべきか

有限責任制度

もし、「カネを払ったから俺のモノ」を根拠に「会社は株主のモノ」と言うならば、本質的な議論はその会社についての**責任の取り方**にあるだろう。先述したが、私有財産制度においては、株主は所有物の使用、収益、処分の権限を持つ。そしてその利用の結果に**責任**を持つ。

例えば、あなたがポルシェを買ったとしよう。「ポルシェなんて買えねーよ」って方はプリウスでも軽自動車でもいい。その車であなたが一般道を猛スピードでぶっ飛ばそうが、車庫に寝かしたままにしようが、あなたのモノなのだから勝手だ。だが、一般道をぶっ飛ばして、交通事故を起こして歩行者にけがを負わせたり、商店に突っ込んで店を壊してしまったりしたら、あなたが責任を負わなくてはいけない。それは**あなたが車に投じたお金に関係なく負う**ものである。

ところがだ。会社の場合、正確に言えば、**いま問題にしている株式会社の場合、状況は異なるのだ。**

世の中に株式会社はごまんとあるが、法的に共通するのは「**資本の証券化**」と「**有限責任制度**」だ。

「資本の証券化」とは、会社の資本を小口の金額の株式に分割し、その株式は証券として自由に売買されることを言う。我々が証券会社を通して「株を買える」のも株式として資本が証券化されているからだ。

「有限責任制度」は、**出資者である株主が、その投資額を限度にして責任を負う**制度になる。これは個人企業などが無限責任を負うのとは決定的に異なる。言うなれば、個人企業はポルシェで事故ったらすべての責任を負わされるが、株式会社は大事故を起こそうがポルシェの購入価格以上を負担する必要がないのだ。

つまり、株式会社は出資者である株主が無限責任を負わずに、資金を容易に換金することが可能になっている。歴史の教科書などで、株式会社の源流は16～18世紀の欧州の重商主義時代に求められる、というのを読んだ人は多いのではないだろうか。まさにその通りで、**制度的な工夫により、リスクを負わずに広く資本を集め、大規模な事業を行うことができるようになったのが株式会社**の特徴だ。

こうした特徴から考えると、なおさら違和感を抱かざるをえない。会社が多額の負債を生み出そうが、環境をバリバリ破壊しようが、株主は出資金以上の責任を負うことはない。そうなると、果たして会社を株主が自分の利益を追求するためだけに使って良いのだろうか。

突然だが、近代法には、**支配のあるところに責任あり**という原則がある。難しく聞こえるかもしれないが、「エラそうにするならケジメはつけろ」という話だ。

個人企業であるならば、無限責任である以上、「俺の会社だ。文句言うな」がまかり通る。

ところが、株式会社の場合、有限責任であり、法律上株式の出資額以上の責任を株主に負わすことはありえない。よって、**責任の観点からみれば、**「俺の会社だから好きにさせろ」は声高に叫べないのである。

法律の専門家である小島康裕氏も「自由の属性である危険と責任を排除する有限責任制度を持つ株式会社への出資を選べば、財産は個人の自由の展開とは無縁のものになってしまう」と指摘している。

支配あるところには責任ありの原則から考えれば、**有限責任制度とは責任が限られるために、その支配も限られる**ものであると言うのである。いじめるだけでいざって時も守ってくれないジャイアンはちょっと格好悪いではないか。

「俺の会社だから好きにしていいだろ！」

倫理観と社会通念

「頭が痛くなってきたよ」という方もいるかもしれないが、難しい話ではない。つまるところ、

「**おいおい、責任取らないで、権利ばかりを主張するなよ**」

ということだ。利己的すぎるヤツが問題視されるのはこれまで見てきたとおりだ。そして、これまた法律の一般論なのだが、自分の考えが及ばない事柄に無限責任を負担させることはバランスが「釣り合わない」とされる。

有限責任の根拠となっているのは、この法の「**衡平**《こうへい》」**の概念**による。

株式会社、特に大企業においては、**株主は株主総会に出席するのみにとどまる。会社の経営に直接関与していないから責任が限定される**というわけだ。裏返せば、有

限責任であるのは株主に会社をコントロールする力がないから、ということになる。

ここで、「ちょっと待てよ」と言う人もいるだろう。では、株式を5割超握っている、支配している株主はどうなんだと。会社のカネでベンツに乗って、ハワイに行っちゃうオーナー経営者のような人たちだ。そういうヤツらだって、有限責任になるのはあんまりではないかと。おっしゃるとおりである。

株式を大量に所有し支配している株主の有限責任制度は、疑問視され、批判されてきた歴史がある。「おまえ、ずるいよ！」と思うヤツはそれなりにいたのである。

例えば、1984年（昭和59）、法務省民事局参事官室は「大小（公開・非公開）会社区分立法及び合併に関する問題点」において、上場していない企業に限ってではあるが、株主の個人責任の追及を認めることについて、意見照会をしている。そこでは「経営に参画する支配株主等の責任」などが議論の対象とされた。漢字ばかりだが、噛みくだけばいわゆるオーナー経営者の有限責任を排除しようとする動きである。株主の有限責任制度に一石を投じたできごとと言えよう。

1986年（昭和61）には、同じく法務省民事局参事官室より公表された「商法・有限会社法改正試案」のなかで次のような規定が示された。

資本金が一定の金額（例えば５０００万円）に満たない株式会社・有限会社において、発行株式総数又は資本の二分の一以上の株式・持分を有する株主・社員（他人の名義で有する場合を含む）は、その者が取締役（又は代表取締役）又は取締役の職務執行に重要な影響力を行使するものであるときは、その地位にある間に発生した労働債権又は不法行為につき、会社が弁済できない場合に、直接の責任を負う。ただし、株主・社員が当該地位を失った日を経過したときは、その限りではない。

（試案三・14）

これは、個人企業においては、利益・責任がすべて個人に帰属する。それに対し、株式会社は個人企業同様に事業を支配する場合でも、支配株主が利益をすべて得ながら、**責任**については限定されるというのはいかがなものかと問題視したためだ。

先に指摘した問題意識そのものである。

そこで、この試案は、**利益あるところに責任ありとする報償責任の法理**を導入して、**一定の要件下で無限責任を認めようとした**。

つまり、会社のカネでベンツを買ってハワイに行くのならば、会社を倒産させた場合は払うものを払えということになる。

結果として、この試案は立法には至らなかった。しかし、有限責任が否定される可能性が検討された事実は、株主有限責任原則を盲目的に絶対視することには問題がある、ということを示している。やはり、「『**俺の会社のモノだから好きにしていいだろう**』**というのは、好きにした結果に責任を負えるときにしか通用しない**」と**いう社会通念が存在する**のである。のび太をいじめるのならば、のび太がピンチの時には救わなければバランスが悪いのだ。

もちろん、有限責任制度を支配と責任の衡平の観点、自己責任の原則の観点のみから捉えることはできない。特に、有限責任制度は出資者のリスクを抑えることで多くのカネを集めるという企業経営にとって計り知れない大きなメリットをもたらした点は忘れてはいけないのも事実である。

株主の関心は配当ばかりの現状で

出資は所有「株式社員権説」

「あーだ、こーだ言っているが、おまえの言っていることは株式会社そのものの否定だ」とお怒りになる方もいるだろう。

誤解しないでいただきたい。株式会社も有限責任も否定しているわけではない。

だが、日本のみならず米国でも、上場企業、非上場企業を問わず、企業の不法行為や会社の支配権の濫用をコントロールするために、有限責任原則を制限するように提案する論者が少なからず存在する。支配と責任の衡平の観点なしに経済的利点だけで有限責任制度を捉えることは現代の時代背景を考えると限界があるのも事実なのだ。特に大企業の場合、巨大な企業の力を利己的な欲求で使うことは自社の存続そのものを危うくしかねない時代だ。本書の冒頭で述べたＳＤＧｓや米国の動きは、まさにその危機感の表れだ。

結局、私有財産制度に基づいて「会社は株主のモノ」と言うのは、さすがに無理があるだろうということだ。

これまで見てきたように、個人企業ならば「カネを払ったのだから会社はオレのモノ」は成り立つ。しかしながら、「会社は株主のモノ」の議論は、どう考えても上場企業や非上場の大手企業が対象だろう。巨大な株式会社だ。そこでは**支配株主が会社を「所有」、「支配」したときに少数株主の私有財産権が侵害される。そして支配株主には「責任」が伴わない。**株主の「責任」のうえに成り立っているのは、**株式を「使用、所有、支配」する権利であり、会社を「使用、所有、支配」する権利ではない**のである。

＊＊＊

「会社は株主のモノ」とする3つの根拠のうち、最後の1つが、株式の性質の解釈がそうなっているという主張だ。

つまり、

「支配に責任が伴わないとかギャーギャー言われても、株式を持っているということは会社法の立場から言うと、会社を自由にできるってことなの！」

と考える人は少なくない。

これは第3章の冒頭で述べたが、**企業に対する出資は**（間接的にではあるが）**所有の一つの形だから、出資すれば所有権が発生する**、という理由による。所有権があるのだからその会社に対する支配権を持つのは当然だという理解だ。

このような理解は「**株式社員権説**」と呼ばれ、現代では当たり前になっている解釈だ。だが、この解釈が戦前に激しい論争を重ねた歴史はあまり知られていない。しかしながら、株式の性質とは株式会社のあり方と切り離せない問題だ。

「会社は株主のモノである」が揺らいでいるいま、なぜ株式社員権説が主流になったのか振り返ってみたい。

ここらへんは少し細かいので、あまり興味がない人はパラパラと読み飛ばして、第4章に入ってもらってかまわない。ただ、もしこの話を押さえておくと、会社で偉そうな顔をできる可能性はある。

株式社員権説とは、先述したように、**現代での一般的な株主の権利**である。株主は企業の実質的な共同オーナーとして、株式会社の構成員になる。構成員として、会社に対して、自益権と共益権を持ち、また出資義務を負う。株主のこうした法律上の地位を表すのが株式である。

戦前に論争の焦点になったのは、株主の議決権である共益権についてだ。まず、共益権は株主個人としての立場で有する権利ではなく、会社という一組織の資格として持つ権限だという反論だ。であるから、共益権は自益権のような個々人の意思で行使する権利とはまったく異なる原理で機能する。共益権は株主自身の利益ではなく、会社の利益のために行使すべきだという考え方だ（社員権否認論）。

また、この議論を発展させた考え（株式債権論）もある。詳細を省くが、共益権を国の参政権のような公的権利とし、会社のために行使すべきであるとした。そして、会社の利益のためには剥奪または制限することができるという、なかなか過激な思想だ。

こうした議論が出現した背景には、私有財産制度のところでも触れたが、会社の経営者とオーナー（株主）が別の人間になったことが挙げられる。**株主の関心がいくら儲かるかと配当のことばかりになってしまった現状から、利己的な株主たちに会社経営について、好き勝手に口出しさせたらヤバいという危機感が生まれた。だから、議決権（共益権）をどのように解釈するかを問題視**したのである。

結局、これらの議論は批判にあい、社員権説に代わる議論にはならなかったが、その理由がまた興味深い。

結論から述べると、「会社は株主のモノ」への批判は、本質論争にありがちな、比較的少数の事例から本質を導き出し、それをすべての事例に当てはめようとする点にあるとされた。いまでも特殊な事例を持ち出し、文句をつける人はいるだろう。1本の木を森全体のように捉える話だったのだ。

「会社は個人のモノ」だった時代

論争が巻き起こった1920〜1930年代においてはまだ、巨大会社でも、経営者がオーナーであることが少なくなかった。またオーナーが経営者でなくても、親族が経営者であったりして株主が完全に支配権を喪失していたとは言えない状態だった。**当時は、企業がまだ個人の財産として捉えられていた**のだ。戦前の大企業の経営者が多くの競走馬を持ったり、ムカつくくらい資産家だったのは経営者だからではなく、オーナー経営者だったからだ。つまり、株式の解釈として「会社は株主のモノ」が受け入れられる土壌ががっつり、あった。

「本当にそうなのかよ」と思われる方もいるだろうから、データを提示しておこう。日本の大企業200社を支配していたのは誰か（持ち株比率10％以上）を調べた経年調査がある。

同族、単一会社、複数会社、公機関、ナシで分類している。伝統的なオーナー経営の同族と、オーナーの関連会社が経営する可能性がある単一会社の合計の割合がどれだけかを見てみると、1936年には全体の60%（同族34・5%、単一会社25・5%）に達している。この結果からは、確かにいわゆる大手企業でも、**当時は半数以上が経営者とオーナーが一致していた**ことがわかる。

それが、1956年には財閥解体の影響もあり、同族所有が7・5%、単一会社を含めても12・5%にとどまった。逆に、支配している主体がナシの割合が71・5%も占めた。それ以降も20世紀末まで、同族と単一の割合は20%半ば程度で推移しており、伝統的な**経営者＝オーナーの形態は影が薄くなっている**。上場企業の社長はサラリーマン経営者が圧倒的で、犬は飼っていても、競走馬は買えない。

「会社は株主のモノ」とする株式社員権説が採られるに至った当時は、「会社は個人のモノ」と理解されていた。誰が株式を所有していたかを見ても、当時は同族が支配していたのは明らかで、大企業と言えどオーナー経営が主流であることが確認できた。だが、一方、現代においては、経営と所有が完全に分離しており、株式社員権説の根拠が揺らいでいることもわかる。

もちろん、現代においても数の上では小中規模の株式会社の方が多く、株式社員権説を完全否定することは難しい。そうした会社は、これまで見てきたようにオーナー経営者だ。会社のカネでハワイに行こうが、ロシアに行こうが、ロシアンパブに行こうが勝手だ。家族には軽蔑されるかもしれないが。

だが、世の中でいま、話題になっている「会社は誰のモノか」は結局、我々の生活に大きな影響を与えている大企業の話である。それらの企業がどうあるかは、企業中心社会の現代においては、社会がどうあるかを示す。そして、企業がどうあるかについて考えたとき、**株主は短期的な自己の利益を追求するためにだけ議決権を行使すべきだという根拠が揺らいでいる**という事実は、もっと知られるべきだ。

それはもちろん、株主の利益を無視しろということではない。ただ、これまで見てきたように、株式会社が株主の利益追求の道具であると考えることは制度や歴史の点で自明ではないこともまた事実なのだ。個人のみならず、組織も利他性なくして生き残れない時代にあることを改めて肝に銘じるべきだろう。そしてそれは、**「会社の一員」であったり、「会社と取引があるあなた」にも、「与える」姿勢が当然求められてくることを意味するのだ。**

第4章　なんのために働くのか

自分はどうしたいのか。我々はどう生きるのか。

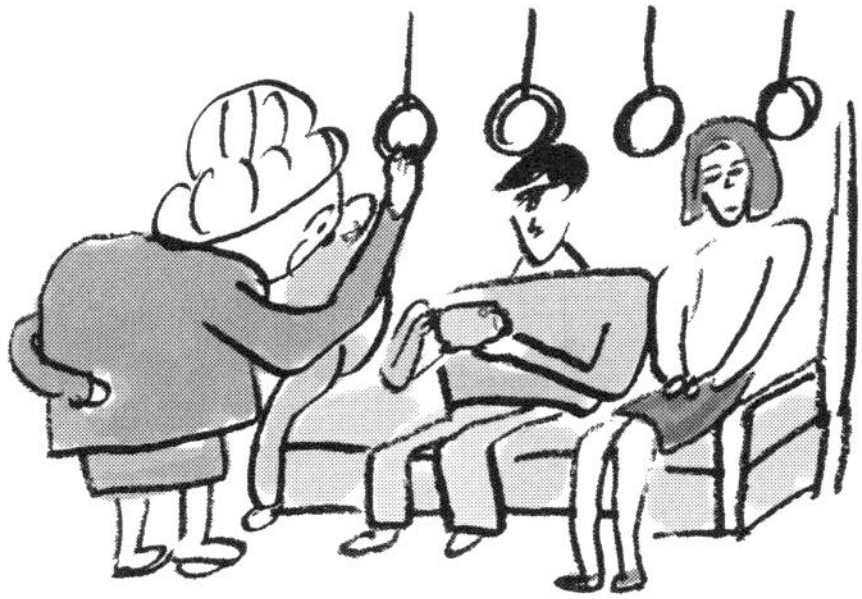

他者が得することが許せないという人が増えている。そんな令和の日本で、「徳」を積む意味なんてあるのか。まずは利他のために動いてみれば、我々が「働く」意義が浮かび上がる。

世界人助け指数

見知らぬ人を助けたか？

第3章では、自己（株主）利益を追求する組織と思われた株式会社ですら、利己的では生き残れないことを見てきた。そして、株式会社を株主の利益追求装置と考えることと自体が矛盾を抱えていることを確認した。令和の時代はそこで働くあなたも当然、利己的でない意思決定がこれまで以上に求められるようになるだろう。

とはいえ、株主の利益を無視していいというわけではないし、利害関係者のすべての要請に応える必要もない。企業もすべての声に耳を傾けたら維持存続が危うくなる場合が多いだろう。重要なのは、目先の利益がチラつく状況でも、「まず与える」気持ちを持つことである。これは企業も個人も同じである。

第1章で確認したように、「与える」には気をつけなければならないことがいくつかある。自分の仕事をしながら他の人の依頼にすべて応えようとしていたら、大半の人はパンクしてしまう。

一方で、これまでの私の主張に違和感を抱く人もいるだろう。「そこまで打算的に振る舞わなきゃいけないのか」と悩む人もいるはずだ。

いつか得することがあるかもしれないから「与える」、あるいは負担にならない程度に「与える」ようにしようと考えながら「与える人」になろうとするのはおかしくないか。そこまで日本の人々って互いに互いを思いやれないのか。確かに利己的すぎるヤツはいるけど、そんなヤツは少数で、支え合って、我々は生きていけるのではないか。「絆」を声高に叫びたい、「美しい日本」を信じたい。

そうした気持ちはわかるが現実は残酷だ。

2019年10月、イギリスのチャリティー機関によって、ある調査結果が発表された。

「World Giving Index」――日本語なら「世界人助け指数」ともなるだろうか。この結果が衝撃的だったのだ。インターネットで少し話題にもなったので「ああ、あれか」と、うつむいてしまう人もいるかもしれない。

２００９年から行われているこの調査では、直近１カ月の間に、

① 見ず知らずの人、あるいは、助けを必要としている見ず知らずの人を助けたか

② 寄付をしたか

③ ボランティアをしたか

という3つの観点から、世界各国の人々にインタビューを実施。各国の人が、他者に対してどれだけ寛容かを採点している。

そして、このたび、２００９年から２０１８年までの10年間のデータに基づく結果がまとまったのだ。調査対象は世界１２８カ国、計１３０万人以上にも及ぶ。

さて、日本は何位だったか？

「最近の日本は公共心が落ちている」と嘆いている人も、「まあ、せいぜい、30位くらいに入っているのかな」と思うのではないか。ところがどっこい。**日本は１２８**

カ国中107位。上位集団どころか、振り返れば20カ国もない、下位に位置づけられていた。

最近はインバウンド訪日客も増え、外国人観光客のマナーの悪さを指摘するような声もある。しかし、このランキング結果からすると、公共心はもしかすると彼らのほうが日本人よりはるかに高い可能性があるのだ。

ちなみに、ランキングの最下位は中国である。「やっぱ、あいつらはなっていない」と溜飲を下げる人も一定数いそうだが、目クソ鼻クソなのである。しょせん、107位と126位（25位と99位が複数国あるため126位が最下位）だ。

項目別に見ると、「寄付をしたか」では64位、「ボランティアをしたか」では46位。まあ、全体で107位にしてはそこそこな感もあるが、**「見ず知らずの人、あるいは、助けを必要としている見ず知らずの人を助けたか」については、まさかの世界最下位**。

確かに「人助け」の響きからすると、日常のなかにあるこの項目がポイントという気もするが、最下位だ。ちなみにこの項目でのワースト10を見ていくと、日本以外は共産圏や旧共産圏の国々が占めている。共産主義国は人助けしなくても、建前上は国が助けてくれる。日本、そんな国々にも劣って最下位。二宮尊徳も渋沢栄一も号泣しかねない惨状である。

不寛容社会

やよい軒でおかわりもできない…

この原稿を書いている2019年10月、台風19号（令和元年台風19号）が東日本を直撃した。今世紀最大やら、伊勢湾台風以来やら、はたまた世界史上最大やら、修飾語として「超」が10以上つきそうな勢いで報道されたとおり、全国に甚大な被害をもたらした。河川140カ所が決壊し、821件の土砂災害が発生した。そして90人以上もの命が奪われた。

台風がまさに関東を縦断した10月12日には、**東京都台東区の避難所がホームレスの避難者3名の受け入れを拒否**していたことが判明して、後に大きな議論を呼んだことも記憶に新しい。

報道によると、うち1名の男性は朝に避難所に到着した際、住所と名前を書くよう求められた。住所がないと男性が伝えると、「ここは区民対象です」と受け入れを断られた。男性は、「『北海道に住民票がある』と説明したが、『区民のための避難所です』と断られた」と話したそうだ。

この避難所の決定に多くの人がツイッターなどのソーシャルメディアで怒りの声を上げた。

2020年、東京オリンピック・パラリンピックの際には、外国人から最低の国だと思われるだろうとの指摘もいくつか見られた。しかし、残念ながらすでにもう、107位の国なんだけれども。


確かに、避難所の受け入れ問題については多くの意見があるだろう。

誰もが自分の命を守らなければならない非常事態なのだから、助けを求めている人がいたら、手を差し伸べるのが当たり前だろうという意見はもっともだ。ところが、総論ではそうであっても、いざ各論になった場合、考えてしまうという意見もあった。人がひしめく避難所で、隣に異臭を放っている可能性のあるホームレスが寝ていても平気なのか。子どもなら、ぶっちゃけ怖がるし、っていう意見などが見られた。

台風が来ることはわかっていたわけだから、行政がホームレスのための避難計画を用意しておくべきだったのかもしれない（山谷《さんや》で炊き出しなどを行っている山谷労働者福祉会館が急きょ、避難所として施設を開放した)。

しかしながら、現状では、そうした議論にはあまりならなかった。「ホームレスは税金を払わないから、非常時とはいえ、避難所のように行政が用意する公的支援の恩恵を受ける資格がない」と、野垂《のた》れ死んでも仕方がないと言わんばかりの**自己責任論フルスロットルのような意見が少なくなかった**。テレビでも有名人が「普段は屋根がないのに災害が起きると屋根がつくのか」などと、笑い話にしちゃっている始末だ。正直、この空気、ちょっと怖い。

こうした不満が恥ずかしげもなく噴出してしまう根底には、我々が**他人を「ずるい」と妬む感情を隠さなくなってきた**ことも関係している。そして、こうした感情は、あらゆるところで燻り、火種となっている。

偶然だが、台風が東日本を襲ったほぼ同時期に発売された『AERA』では「『他人の得が許せない』人々が増加中　心に潜む『苦しみ』を読み解く」という特集が組まれた。そこでは、**自分が何か不利益を被っているわけではないが、他人の利益を不快に感じる**、それにモノを申す人が増えている姿が描かれている。

例えば、定食チェーンの「やよい軒」は無料だったご飯のおかわりを試験的に有料にしたという。運営会社は、おかわりをしない客から「不公平だ」という指摘があったと説明しているとか。どうでもよすぎて、開いた口がふさがらないではないか。じゃあ、おまえも、おかわりしろよって話にならないのか。

他にも大学の教員が学生から苦情を受けた話が紹介されていた。授業に出てこないのにテストで良い点を取って、いい成績を取る学生が許せないので、出席をちゃんと取れという。そんな発想をするのか、と教員は脱力してしまったと語っている。

1990年代に社会学者の宮台真司氏（首都大学東京教授）は当時の若者の感受性を「**仲間以外は皆風景**」と評した。彼らにとっては、教室でも街でも仲間以外は皆「風景」だから、地べたに座り込むし、路上で破廉恥な行為もできる。宮台氏は「**周り」が関係ないなんて、日本の社会では初めてのこと**だと指摘した。

21世紀を取り巻く現状は、仲間以外は風景どころか、「**仲間以外は憎悪の対象**」という現実が広がりつつある。

もちろん、突っ込みようはいくらでもある。

先の調査の調査手法や正確性を問うこともできるし、「そもそも日本人は昔から徳が高くなんてなかった」と開き直ることもできる。「気違いに刃物」ならぬ、「バカにソーシャルメディア」の理論で、使わせてはいけない人にツールを与えたことで、元々存在していた「おかしな人」が可視化されただけという可能性もある。

　しかし残念ながら、昔から実は徳なき社会だったかもしれないとはいえ、我々がいま、やよい軒でおかわりしているだけで敵視される社会に生きていることは変わらない。令和の時代は、授業に出ないでテストで高得点を取ることが、教師へのクレームの対象になる社会であることも間違いないのだ。それは、いつ、**あなたも私も攻撃の対象になるかもわからない**ということなのである。そうすると第1章で述べたように、「利己的すぎるヤツには近づくな」を徹底するしかない。

人のポイント化

強制的に「徳」を積まされる社会

「利己的すぎるヤツからは逃げろ！　って、そんな身も蓋もない」という声が聞こえてきそうだ。確かに、仕事のクレーマー対応や勝手な上司など、嫌でも利己的すぎる人と向き合わなければならない人もいるだろう。

では、こうした人たちが急に寛容になることはあるのだろうか。人に優しくなったり、寄付したり、利他のために動くようになることはあるのだろうか。

そんなに簡単に人が変われれば、わけない。宗教も刑務所も要らなくなる。悪人には一日にしてなれても、善人にはなかなかなれない。だが、これも第1章で確認したように人の利他性は不安定だ。環境で変わる。**もしかすると、強制的な外圧があれば人は変われるのではないか。**

前述の「世界人助け指数」最下位の中国では、いま異様な光景が広がっている。

ＡＩ（人工知能）などテクノロジーを駆使して、**「いい人でないと生きていけない」ような世界になっている**のだ。

中国は、現金を持たないモバイル決済が進んだ国だ。偽札が流通しまくっていた状況への対策も背景にある。アリババグループかテンセントのアプリを通じてのモバイル決済比率がモバイル決算全体の９割を超える。そこらの露店ですらモバイル決済だ。

仕組みは簡単で、スマートフォンにダウンロードしたどちらかのサービスのアプリで２次元バーコード「ＱＲコード」を表示すれば、それを店側が専用端末で読み取る。これで決済完了だ。利用者が店頭に掲示されたＱＲコードをアプリに読み込み、支払額を入力して、パスワードか指紋で認証して決済するやり方もある。どちらも、利用者の個人口座から即座にお金が引き落とされる。

そして、アリババとテンセントはこの膨大な取引履歴を活用して、**個人の信用レベルをスコアリング**するサービスを提供している。

スコアが高いと、デポジット不要でレンタルサービスやシェアリングサービスが利用できたり、商品やサービスに対して後払いが可能になったりするといった利点がある。

アリババが運用する「芝麻信用」はネット通販の取引履歴や職業、クレジットカードの支払い状況から、ソーシャルメディアでの言動までをもとにして、個人を350～950点でスコア化する。得点の低い人やサービスを利用しない人が就職や結婚で不利になる事態を生み出すまでに、**「人のポイント化」は社会の常識**になっている。

こうしたIT企業のサービスは、行政とも強く結び付きはじめている。

すでに上海など20以上の地方政府で、個人の評価システムがはじまっている。就業情報、社会保険の支払い状況のほか、刑事罰や行政処分の有無を判断材料にして、個人の評価が5段階に分けられている。上海ではまだ参考程度だが、行政に自分がランク付けされるのはちょっと嫌だ。

「テクノロジーの利便性は享受するべきだし、普通に生きていれば問題ない」と断言する人もいるだろう。しかし、蘇州市の例を聞くとそうは言ってもいられないかもしれない。

蘇州市では、資産状況などだけでなく、表彰や献血、ボランティア歴まで加点対象になるのだ。つまり、

「徳」の数値化にまで足を踏み入れている

のである。高得点者には、シェア自転車の利用時間延長や、図書館で借りられる**書籍数**が増えるなどのアドバンテージがある。一方、光熱費を滞納したりするとポイントは下がる。予約したレストランやホテルの無断キャンセル（日本でも問題化しているが）も減点対象になるから、「めんどくせー、連絡しなくていいや」とか言っていると、ポイントだだ下がりになる。

地方政府が個人信用評価システムを相次いで導入している背景には、**中国政府が打ち出した「社会信用体系の建設計画要綱」**が発表された流れがある。信用という概念を国民に根付かせて不正取引を減らす狙いで、大半の地方政府が今後こうしたシステムを導入すると見られている。

そして、**このシステムが将来的には、減点や懲罰を科す範囲を拡大する**方向に向かうのは間違いなさそうだ。中国の一部の都市で設置が進む、信号無視防止システムがその象徴だろう。

このシステムは、横断歩道が赤になったのに、停止線より先で動く物体を感知すると、写真と動画を自動的に撮影する。この写真と動画を画像解析し、警察が保有する身分証の顔写真データと照合。違反した歩行者の名前、住所、勤務先を特定する。

警察当局が電話などで違反者に連絡し、罰金を科すという仕組みだ。勤務先などにも、そのことが通知される。

「えっ、赤信号渡っただけで」と思われるかもしれないが、さらに恐ろしいのは交差点近くに設置された大型モニターに、信号無視した人の顔写真が次々にでーんと公開されることだ。

日本では、交番や鉄道の掲示板に指名手配犯の写真や似顔絵がひっそり貼られているのはご存じだろう。中国では、赤信号渡っただけでモニターにでーんだ。

「信号無視は、歩行者にとっては、命を落としかねない大きな危険がある」と、当局はこのシステムの狙いを語るが、さすがにちょっと無理筋ではないか。

信号無視しなければ顔が映されることはないわけだが、逆に言えば、信号無視したくらいで街頭モニターに顔が晒され、職場に通知され、「あいつ、渡っちゃったらしいぜ」とか冷笑を浴びせられる世界は、果たして本当に良いのだろうか。

内発的動機と外発的動機

監視社会は「徳」の高い社会を実現するか

「ちょっ、待てよ」とキムタクばかりに叫びたい人もいるかもしれない。

中国が顔認証カメラや大手企業から入手した顧客データ、インターネット上や現実世界での行動から個人を評価する「**社会信用**」**制度を構築するのは、本当にそんなに悪いことなのか？**という疑問を抱く人もいるだろう。

実際、中国ではいま「**スコアに影響するので悪いことをするのは損**」**という感覚**が広まりつつあるという。制度により、「徳」の低い行動が制限されているのだ。そして、信用スコアは暮らしやすい社会の実現をサポートする、と考える人も少なくないそうだ。

個人の信用情報システムのブラックリストに載ると、高速鉄道や航空機の利用が制限されるなどの罰則が科せられるが、「それは自分が悪いし、元々、なんで悪いことするって前提なんだよ」と突っ込みたくなる気持ちもわかる。それはそのとおりだ。

例えば、江蘇省無錫市では信号無視防止システムを運用したことによって、街中に設置された顔認識システムで暴力事件の逃亡犯の所在が判明した。カメラで撮影されてから約30分後に犯人は逮捕されたという。

ただ、残念ながら、「損するから控えるようになるだろう」とスコアに紐づけられた行為を拡大すれば、制度のさらなる精緻化を生むことになることは間違いない。**スコアに響くという損得勘定での判断は、あくまで制度によるもので、内発的でなく、外発的な行為である。**そうである以上、良い行いをするために、常に動機づけが必要になる。

実際、中国では、密告アプリなるものまで登場している。２０１６年に浙江省楓橋で試験公開されたアプリだ。このアプリを使って写真かテキストで情報を寄せた市民には報酬が与えられる。

通報すればもちろん、アプリをダウンロードしたり、誰かにアプリを紹介したり、1週間毎日ログインしたりするだけでも、ポイントが付与される。ポイントは、コーヒーショップの割引や配車サービス、アリババの決済で使えるクーポンの購入などに使える。

問題は、そのアプリで寄せる「情報」だ。

歩道橋や排水管の破損、ゴミの不法投棄などから、他の家の揉めごと、ヤバそうな団体に関わっていると思われるメンバーや薬物中毒者など、「社会の安定に影響を及ぼす可能性がある」人物を通報すべきとしている。まさに文字通り、密告アプリのように映るが、このアプリは「密告」と呼ぶにはあまりにも大胆な設計をしている。

というのも、情報を寄せると同じ地域の登録ユーザー全員に表示されるからだ。つまり、通報するには、自分の居所と身元を明かす必要があるのだ。そんなの密告でもなんでもない。ヤバそうな人やジャンキーを実名で通報するなんて、自分の身がヤバくなりかねない。だいぶ摩訶不思議な設計である。

密告アプリの利用は原則、任意なので、好きな人が勝手にやっていればいいのかもしれない。しかし、一部の役人が学校で教師や生徒、親にダウンロードさせたり、職場で雇用主が従業員に利用を命じたりと、利用を強制する動きも出ている。

さすがに諸外国に比べて、人権やプライバシー意識が低い中国でも、「実名での密告アプリ」の評判はすこぶる悪く、市民同士の相互監視社会を危惧する声も高まっている。

だが残念ながら、**内発的動機ではなく、外発的動機で徳を導き出そうとし続ければ、こんなふうに管理とペナルティーでガチガチに人を縛る社会が到来せざるをえない。**

良い社会とは何か

アリストテレスの基準で考える

2400年前にアリストテレスは「良い社会とは何か」を論じた。

曰く「『良い社会』とは、徳のある者があふれる社会のこと」であり、「徳」(ヴァーチュー)とは『内から湧き上がる力』のこと」だ。

「最大限の社会成員が有徳=内発的な振る舞いをするようになった社会」こそが、アリストテレスによれば『良い社会』なのである。

2400年前まで遡らなくても、つい70年ほど前まで我々の社会では、少なくとも企業の現場で、内から湧き上がる徳が散見された。

戦前や戦後間もない頃には、企業内教育には道徳教育が行われていた。子曰く、子曰くは日常だったのだ。

実際、ある時期まで社員教育に論語を使う会社もあった。これまで見てきたように、誰に強制されずとも利他的な振る舞いをすることが、商人としての完成形であるということは、日本の常識であった。

しかし、高度経済成長期を迎え、**1960年代後半になると、社員教育も目先のトレーニングに集中**するようになる。社内の仕事に最適化されたノウハウを身につけることが会社における出世の基本となる。

戦前、帝国大学を卒業して財閥本社へ就職したエリートは、数年で管理職となり、卒業後20年くらいで社長になったという。**40歳そこそこで、企業として利益追求するだけでなく、同時に従業員を指導し、教育する立場になった**のだ。

しかし、戦後はこうしたエリート制度は、事実上、排除された。

建前であるが、誰もが「平等」な企業内の競争のレールを走る必要が生まれた。そこでは、大学で得た専門知識も人格形成の勉強も不必要になった。会社員は会社の成績を上げ、いかにレールを外れないかに腐心するようになる。かつてのエリート教育は消滅したのだ。

「いやいやいや、別にアリストテレスのように高等遊民でもないし、戦前の帝大出でもないし。彼らは元々食うに困らない人たちでしょう」と嘆かれるかもしれない。
そう我々は、令和を生きる日本人だ。
思想にふけっている時間もなければカネもない。

周りを見渡せば、これまで国を動かしていたであろう人たちにはわずかに残っていた利他心も消滅しつつある。ビジネスの世界でも、自己利益を追い求めるハイエナのようなヤツらばかり跋扈《ばっこ》しているように見える。
人の利他性に期待するのもアホらしいと感じるかもしれない。そう感じてしまっている自分が嫌になっているかもしれない。だが、落ち込まなくていいし、自己嫌悪に陥らなくていい。第2章で見た偉人のように、利他行為を苦痛としない、行為そのものに没頭して人助けができる人もいる。だが、それらはレアケースだ。

見返りがなきゃイヤと思うなら

外発的動機からの転換

第1章で述べたとおり、そして第2章の偉人のように、「徳を与えること」が快感になっている人がいる。利他的に振る舞えば、経験上、巡りめぐって返ってくることを知っている人は、自然と人に与えられるとも述べた。

そうした人にしてみれば、ここから紹介する話は、当たり前のことかもしれない。

だが、ここまで読んでも「理屈ではわかっても、そんなのできません」という人もいるだろう。「**先に『与える』とか絶対無理。リターンが確実でなきゃやらない**」というのは多くの人の本音だろう。では、どうすればいいのか。

結論から言おう。

嫌でもいいから、とりあえず利他的に動いてみたらどうだろう。

2019年2月に亡くなった大山泰弘《おおやまやすひろ》氏は、チョークなど文房具用品の製造販売を手がける「日本理化学工業」の会長だった。「日本でいちばん大切にしたい会社」の経営者として、数多くのメディアで取り上げられ、「篤志家《とくしか》」として名高かった。障がい者を積極採用したことで知られ、半世紀にわたり知的障がい者を雇用した。社員全体の7割が障がい者で、健常者と同じ最低賃金を守っている。

いまでは大企業を中心に、障がい者の雇用は徐々に増加しているが、法定雇用率を達成している企業は全体の45・9%程度。そんな現状を考えると、驚異的な雇用率と言える。

急成長が望めないチョーク業界で、障がい者を積極雇用する姿勢と、新製品開発とシェア拡大を志す様はまさに篤志家にふさわしい。

さぞ、徳が高い、それこそ、内発的な徳に突き動かされた人物に違いないと思われるだろう。しかし、大山氏は完全にそれを否定している。

はじめて養護学校の先生から、障がいのある生徒の就職を頼まれたとき、大山氏は「そんな、おかしな人を雇ってくれなんて、とんでもないですよ。それは無理なご相談です」と断ったのだ。断るにしたって、ひどく蔑視を含んだ断り文句である。しかし、先生があきらめなかった。もういちど頼まれて、再び断るも、またまたやって来たものだから、大山氏も困り果てた。最終的に先生から「就職とは申しません。でも、せめて働く体験だけでもさせていただけませんか」と懇願されて、同情心が芽生え、2名を2週間程度受け入れることをようやく決めた。その2週間が経ったときも、ようやく終わったかと「正直、ホッとした」と振り返っているので、徳がべらぼうに高いとは言えない。むしろ、低い。

ところが、そこで話は終わらない。世話をしていた社員が「こんなに一生懸命やってくれるんだから、1人か2人だったらいいんじゃないですか。私たちがめんどうを見ますから、雇ってあげてください」と申し入れたのだ。それでも、悩む大山氏。何回も念を押しても、「社員の総意」と迫られたため、観念してようやく採用を決めたという。

その後も、採用した2人が気になりながらも作業場に顔を出すくらいで、社員に丸投げしていたというから、障がい者雇用に決して積極的ではなかった。成り行き上、関わったに過ぎないことがわかるだろう。

転機が訪れたのは、ある法事の席で、大山氏が寺の住職に質問したのがきっかけだ。

「うちの工場で働いている障がい者は、施設に入れば楽ができるのに、なぜ工場で働こうとするのでしょうか」と、大山氏が問うと、住職はしばし沈黙した後、こう答えた。

「人の究極の幸せは、

人に愛されること、

人に褒められること、

人の役に立つこと、

そして人から必要とされること。

愛されること以外の3つは、働くことによって得られます。障がいを持つ人が働こうとするのは幸せを求める人間の証しです」

この言葉を聞いて、大山氏は障がい者の就労環境整備に本腰を入れる。対外的なアピールのためにそうしたわけでないのだ。

2008年に『日本でいちばん大切にしたい会社』（坂本光司・あさ出版）が出版されるまで、多くの人は大山氏の取り組みを知らなかった。最初は養護学校の先生に泣きつかれた末の、乗り気ではない採用だった。しかし、**いつのまにか障がい者雇用が大山氏にとっては当たり前のことになった。**半世紀の長きにわたり、誰かに頼まれるわけでもなく、その当たり前を続けた。

外発的な利他性が、内発的な利他性に変わったのだ。

気が進まなくても大山氏が一歩踏み出したことで、大山氏自身の行動のみならず会社の在り方まで変わった。**自分ができることを負荷にならない範囲ではじめたことで、長きにわたり、続けられた**のだろう。いつの間にか「与える人」になっていたのだ。

ここまで読んだ聡明な読者はお気づきだろう。

外発的な利他性が内発的な利他性に変わるのであるならば、中国のようにシステムに依存した社会でもいずれ内発的な利他性が育まれる可能性はある。学校教育で徳、徳、言い続ければ緩やかに変わっていく可能性もある。それは否定できない。

結局は、あなたがそれらを望むかということに尽きる。つまり、どういう社会で生きたいかということだ。

おそらく大半の人はテクノロジーの利便性を享受しながらも、システムや教育にがんじがらめにはなりたくないはずだ。お互いがお互いを思いやれる社会がいいなと心のどこかで思っているのではないか。そのためにはあなたが一歩踏み出す必要がある。まず与えなければならない。

ある社会心理学の実験がある。ホテルがいかにして宿泊客にタオルを再利用させるかという調査をした。エコ意識を打ち出すのも効果を示したが、目立った効果を示したのは、他の宿泊客がどれだけタオルを再利用したか数字を示すことだった。そして、もっとも効果的なメッセージは「**このホテル**に泊まった人の大半がタオルを再利用しました」ではなく、「**この部屋**に泊まった人の大半がタオルを再利用しました」だった。

結果は、こう教訓づけられるだろう。人は他の人々がやっているのと同じことをしようとする。とりわけ、自分と似ている人たちのやっていることに対して、その傾向が強い。なるべく説得したい、動機づけたい人がいるとすれば、その人個人に近い情報や行動によって、相手を自分の望む方向に動かせる可能性が高まる。

もし、あなたがあなたの所属するコミュニティーで「与える」人を増やしたければ、あなたがまず率先して動くことが重要だ。**人は専門家よりも仲間により大きく影響されるのだ。**

もちろん、あなたが「与える」ことをはじめたところで、社会も仲間もすぐには変わらない。

だが、踏み出さなければ絶対に変わらない。
あなたの一歩が「徳なき社会」を変える一歩になるのだ。

おわりに

「徳」消費社会をよく生きる

徳を積むことを難しく考える必要はない。重要なのは目先の利益に惑わされずに「まず与える」気持ちを持つことだ。確かに徳を積むには、多少の労力と時間を割かなければならない。しかし、それでもなお、徳を積む行為は、やり方を間違わなければ、ほかの金銭的な投資に比べて、ずっとリスクが低いわりに長期的に大きな見返りを期待できる。

職場で困っている人がいたら手伝ってあげる。頼まれてできることなら、引き受ける。自分に会いたがっている人には、できるだけ会う。電車で席をゆずる。そんなことでいい。

迷わず、無理せず、自分のできる範囲で徳を積むことからはじめてみればいい。無理は禁物。できる範囲で、だ。徳の積み重ねが信用の基盤をつくることは本書で紹介した多くの事例や偉人が教えてくれたはずだ。

「徳」を積めば、カネは後からついてくる。
「徳」はいつか、忘れた頃に「得」になる。
気が向かなくても続けていれば、自然に積めるようになる。

＊＊＊

80年以上前に出版された『君たちはどう生きるか』が少し前からブームになっている。「おいおいおい、日本のみんな、どうしちゃったんだい」と天邪鬼《あまのじゃく》の私は思っていたのだが、2017年に刊行された漫画版は200万部を突破したというから、おかしいのは私のほうなのかもしれない。

同書は、15歳の少年が、「斜め上の関係」である叔父との会話を通じて、貧困などの社会問題と向き合いながら成長する物語だ。少年向けの哲学書であり、道徳の書でもある。

刊行された1937年（昭和12）は日中戦争が起き、時代が大きくうねりはじめた年である。混迷を極める2010年代に入り、同書の人気が再燃したのも偶然ではないだろう。

いま大きく、時代が、価値観が、生き方が、変わろうとしている。

近代社会は、当たり前だがカネがなくては生きていけなかった。ところが昨今、ソーシャルメディアのなかには「奢られる」プロとか「何もしない」プロが出現している。朝起きて、満員電車に揺られ、会社に行かないどころか、財やサービスの生産活動をせずとも、不自由なく生活することを可能にした人たちだ。何もしないなんて、ひと昔前なら、地主くらいしか考えられない生活である。

ところが、インターネットの普及が、「奢られること」と「奢ること」の（ごく少ないだろうが存在する）需給を「見える化」し、誰も成立するとは思わなかったマッチングを実現した。そのマッチングを実現するときに問われているのは、信用である。

「奢られる」プロには奢りがいがあるから、あるいは奢っても嫌な思いをしないから、多くの人が奢ろうとする。かつては近所の変な人で終わっていたかもしれない人も、ネットを使うことで、需要を掘り起こし、評判を集めれば生きていける例だろう。カネを稼ごう、稼ごうと思わなくても生きていける時代になりつつあることを「奢られる」プロや「何もしない」プロは証明して見せたのだ。

そんな特殊な個人の話をされても俺には関係ないし、と思うかもしれない。しかし、自分ごとで考えてみればわかりやすい。

ネットで知らない人から何かを買おうとするとき、あなたは「この人からモノを買っていいのか」という判断に迫られる。その際、無意識に相手の信用をはかっているのではないか。個人取引のシステムに、相手を採点する仕組みが備わっていることからも、それは明らかだ。

信用はカネに置き換わる。信用を貯めて、信用を使う。

それはかつて、自明だった。それが、いまになって「意識高い系」の界隈で、そうした言説が散見されるようになった。信用をカネのように貯め、残高、ポイントのように扱おうとする議論など、最たるものだ。

「信用のポイントを貯めておけば、後で人に助けてもらえる」

「誰にも手を差し伸べてもらえないということは、日ごろから信用されてないからだ」

交通系ICカードのSuicaみたいだ。常にチャージを意識しておかないと、残高不足を起こしてしまう。しかし、徳のポイントをチャージするなんて考えは、あまりに世知辛い。当たり前だった論理を**あえて**訴えていかなければならない気配漂うのが、残念ながら、いまの日本だが、「いいこと」まで、誰かに強要される社会は、怖い。とはいえ、ネットの発達やデータ活用の拡大で、信用の換金化はこれからますます積極的に推進されていく。

では、渦中にある我々はどうすればよいのか。「徳の残高とか胡散くさいし」とか、「意識高すぎてついてけねーし」とか、斜に構えていたって、社会も、あなたの毎日も好転しない。徳を消費する社会が来るなんて声高に煽って、だから徳を積めと言うのは、「カネが儲かるから、やる」と言うのとさして変わらないのではないか、という疑問もよくわかる。それって、本当の徳なのって。いままで「カネ、カネ」言っていた連中が、徳が大事となれば「徳、徳」言い出すのってどうなのよって。が、私は言いたいのだ。市井のサラリーマンに求められる姿勢は、

「カネがなければ、知恵を出せ」

から、

「カネや知恵があってもなくても、徳を積め」

に変わろうとしている。資産家でもない我々は、まず与えて与えまくるしかない。いま、変化のなかで迫られているのは、結局のところ、「どういう世界で生きたいか」だ。他者が信じられないからシステムで縛るのか、それとも与え、与えられる関係をベースにした社会を構築するのか。いま、その分岐点に私もあなたもいる。

我々はどういう世界に住みたいか。
そのために「どう生きるか」。

それはおそらく難しいことではないのではないか。かつての商売人に備わっていた「徳」の考えがそれではないか。しぶとく生き残っている中小企業のおじさんたちが意識的か無意識的か知らないが、昔もいまも実践していることなのではないか。

子曰く、子曰く、トイレにも、子曰く。
ロシアンパブでも、「徳」トーク。

ふと、そんな昔の経験を思い出したのが本書の出発点だった。

身近な人の行動が周りの人を変える。
だから、とりあえず動くしかない。

本書で書いてきたように、最初は外発的な理由からであっても、徳を積みつづけることで、いつの間にか自然と徳を積むことが喜びに変わるかもしれない。テイカーやマッチャーでもギバーになれるのだ。利他が腹に落ちない人は、自分自身をいたわるのをやめてまで他者のために尽くさなければいい。自分を大切にし、消耗することを避け、できることで人のためになれば、犠牲を払っているという意識は和らぐ。それでいて、**いまよりも確実に他者にも社会にも大きな貢献ができる**。皆がハッピーではないか。

「おわりに」も終盤に差しかかり、またちょっと胡散くさいか。しかし、本音である。

「徳」を積むの最高ですか？
最高でーーーす!!

日本は右肩上がりの成長が終わり、今後、停滞、縮小が確実である。「人のため」など考えられなくなっている人が多い。一億総クレーマー状態に突入しつつある。だからこそ、「いまどき、徳ってバカじゃない」などと言ったり、胡散くさく思ったりしないで、動いてみればいい。

徳なき時代だからこそ、少し動くだけであなたの徳が輝く。

来るべき「徳」消費社会に備えなければいけない。

参考文献・ウェブ

○『AERA』1988年8月16日号「最後まで会社人間　土光敏夫全力投球の91年」

○AERA.dot「『他人の得が許せない』人々が増加中心に潜む『苦しみ』を読み解く」https://dot.asahi.com/aera/2019101100028.html

○アダム・グラント、楠木建監訳『GIVE & TAKE「与える人」こそ成功する時代』三笠書房

○アダム・グラント「マネジメントで助け合う組織をつくる」『DIAMONDハーバード・ビジネス・レビュー』2013年12月号

○アダム・グラント「いつ、誰を、どのように支援するかを工夫する『いい人』の心を消耗させない方法」『DIAMONDハーバード・ビジネス・レビュー』2017年9月号

○飯塚真紀子「『人助けランキング、日本は世界最下位』英機関　日本は冷たい国なのか」https://news.yahoo.co.jp/byline/iizukamakiko/20191017-00147100/

○伊丹敬之『日本型コーポレートガバナンス』日本経済新聞社

○上村達男「公開会社法制の確立へ向けて」『判例タイムズ』No.839

○『ウォール・ストリート・ジャーナル』2018年1月2日付「監視先進国の中国、密告アプリには市民がためらい」

○梅原猛「仏教の道徳」『朝日新聞』2005年6月21日朝刊

○岡部瀲介「欲にとらわれぬ幸福感を」『朝日新聞』1995年6月30日付朝刊

○小田亮『利他学』新潮社

○大山泰弘『利他のすすめ　チョーク工場で学んだ幸せに生きる18の知恵』WAVE出版

○加来耕三「商人の遺伝子　大阪堂島商人」『日経ベンチャー』2003年7月1日号

○來多武六『豪商蓄財術物語』誠文堂

○北沢正啓『株式会社法研究』有斐閣

○久保欣哉「株主有限責任原則の限界」『青山法学論集』14巻1号

○窪田宏「商法における各種の有限責任の制度には合理性があるか」『法学教室』第六号

○クリストファー・ボーム、斉藤隆央訳『モラルの起源』白揚社

○小泉康裕「財産権の自由と経済的権力」『公法研究』51号

○『産経新聞』2009年1月25日付朝刊「歴史に遊ぶ（9）日本人らしさの源流を求めて」

○渋沢栄一『論語と算盤』KADOKAWA

○渋澤健「渋沢栄一　人たらしの王道」『プレジデント』2015年1月12日号

○島田昌和「明治の企業家・渋沢栄一に見る社会認識と事業創造」『一橋ビジネスレビュー』2009年6月15日号
○下山瑛二「企業の自由と国民の権利」『法と民主主義』88号
○鈴木浩三『江戸商人の経営』日本経済新聞出版社
○鶴見俊輔、上野千鶴子、小熊英二『戦争が遺したもの』新曜社
○『中国新聞』2017年10月19日付「中国　AIで管理強化　顔認識や個人の信用情報システム」
○『中日新聞』2019年7月12日付夕刊「広がるネット『格付け』　低評価利用者　仕事機会に影響も」
○デイヴィッド・デステノ、寺町朋子訳『信頼はなぜ裏切られるのか』白揚社
○出町譲『清貧と復興』文藝春秋
○童門冬二『江戸300年 大商人の知恵』講談社
○土光敏夫『日々に新た』PHP研究所
○『日経トップリーダー』2010年12月1日号「トップリーダーの視点」
○『日経ベンチャー』2005年2月1日号「FACEザ・経営者」
○『日経ビジネス』「日米主要企業トップの所得くらべ」1974年6月10日号
○『日経ビジネス』「日米トップの所得比較」1976年6月7日号
○『日経MJ』2019年2月11日付「中国の個人信用評価、地方政府に導入広がる」
○二宮尊徳、児玉幸多訳『二宮翁夜話』中央公論新社
○堀江貴文『ウシジマくんvs.ホリエモン　カネに洗脳されるな！』小学館
○前田重行「株主の企業支配と監督」『現代企業法講座第3巻　企業運営』東京大学出版会
○松田千恵子『これならわかる　コーポレートガバナンスの教科書』日経BP
○三戸浩「パラダイム転換と新しい会社支配論」『横浜経営研究』第Ⅷ巻第3号
○宮台真司「日本社会の再設計に必要な思考—各問題の射程を見極め全体に到れ」『朝日ジャーナル　日本破壊計画』
○山口揚平『1日3時間だけ働いておだやかに暮らすための思考法』プレジデント社
○リチャード・ドーキンス、日高敏隆他訳『利己的な遺伝子』紀伊國屋書店
○ロバート・チャルディーニ「よい影響力、悪い影響力」『DIAMONDハーバード・ビジネス・レビュー』2014年1月号
○若杉敬明・矢内裕幸『グッドガバナンス・グッドカンパニー』中央経済社
○若杉敬明「企業統治に型はない　利益目標達成がすべて」『日経ビジネス』2003年9月1日号

栗下直也（くりした・なおや）

1980年生まれ、東京都出身。横浜国立大学大学院国際社会科学研究科経営学専攻修了。経済記者のかたわら、書評サイト「HONZ」や週刊誌、月刊誌などでレビューを執筆。書籍構成も手がける。著書に『人生で大切なことは泥酔に学んだ』（左右社）。戦前のダダイスト、辻潤の研究がライフワーク。新橋系泥酔派を自認するが、酒場詩人は目指していない。

得《とく》する、徳《とく》。

2019年12月31日　初版発行

著者　栗下直也
発行者　小林圭太
発行所　株式会社CCCメディアハウス
〒141-8205
東京都品川区上大崎3丁目1番1号
電話　販売03-5436-5721
編集03-5436-5735
http://books.cccmh.co.jp

ブックデザイン　新井大輔
装画・挿画　堀道広
校正　株式会社円水社
印刷・製本　豊国印刷株式会社

ISBN978-4-484-19235-2